JN118100

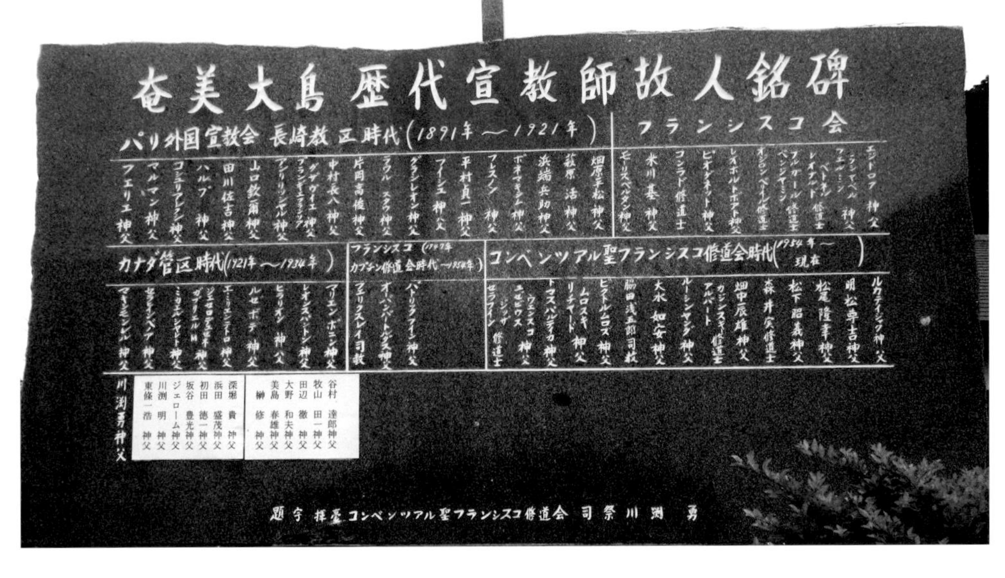

本書の著者，ハルブ神父が設計建設した瀬留教会に設置された
「奄美大島歴代宣教師故人銘碑」 2019 年 4 月安渓遊地撮影

フォルカード大司教
1844-1846 那覇
（本書 13 頁）

プティジャン司教
1860-1862 那覇
1864-1884 長崎
（本書 26-30 頁）

クーザン司教
1891-1911 長崎
（本書 64 頁）

ジラール神父
1855-1858 那覇

フュレ神父
1855-1862 那覇

メルメ神父
1855-1856 那覇

ムニクゥ神父
1856-1860 那覇

フェリエ神父
1891-1906 奄美

マルマン神父
1892-1896 奄美

ハルブ神父
1893-1920 奄美

田川佐吉神父
1894-1895 奄美

山口欣爾神父
1894-1895 奄美

リシャール神父

1895-1906 奄美

ブランギエ神父

1896-? 奄美

中村長八神父

1897-1923 奄美

片岡高峻神父

1897-1924 奄美

グラシィ神父

1898-1902 奄美

ブイージュ神父

1899-1922 奄美

平村貞一神父

1902-? 奄美

ボネ神父

1904-1923 奄美

フレスノン神父

1904-1922 奄美

名瀬聖心教会の「レンガみどう」と子ども達（1922 年頃）
原著の写真（全体写真は 46 ページ，説明は 80 ページ）の一部を拡大

教会の庭は今も奄美の子ども達の楽しい遊び場
左：大熊教会　右：小宿教会　1997 年 8 月佐竹京子さん撮影

Missions Étrangères de Paris aux Ryukyu et Amami

奄美・沖縄

カトリック宣教史

【 パリ外国宣教会の足跡 】

A.ハルブ神父 著／岡村 和美 訳／安渓 遊地 監修

南方新社

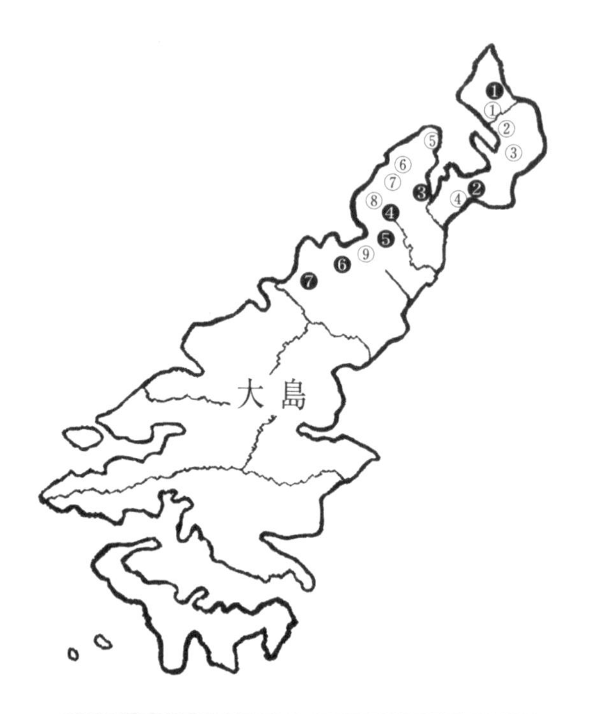

教会所在地

❶ 大笠利教会
❷ 赤尾木教会
❸ 瀬留教会
❹ 大熊教会
❺ 浦上教会
❻ 名瀬聖心教会
❼ 知名瀬教会

宣教地

① 赤木名
② 手花部
③ 平
④ 屋入
⑤ 安木屋場
⑥ 嘉渡
⑦ 秋名
⑧ 芦花部
⑨ 有屋

奄美大島でのパリ外国宣教会の足跡
廣瀬敦子著『ハルブ神父の生涯』204 頁から引用。

本書を推薦します

郡山健次郎神父（カトリック鹿児島教区・名誉司教）

ハルブ神父様についての著作は読んだことがあるが，本人の残されたものはこれが初めてで翻訳が完成したことをとても嬉しく思います。我が古里の瀬留教会建設にも尽力された神父様なので，当時神父様がどんな思いで宣教されたのか教会建設に関してどんな苦労をされたのか具体的に知ることができるので，多くの皆さんに読んでもらいたいと思います。

押川壽夫神父（カトリック那覇教区・名誉司教）

奄美の宣教師たちが肌で感じた島の姿が生き生きと描かれた歴史ドキュメント。琉球弧・奄美文化のルーツを辿り，今は滅びた懐かしい島の年中行事やたましいの姿を知る貴重な記録として，心のふるさとの原風景を知るには最良の書といえよう。

百瀬文晃神父（元上智大学神学部教授・イエズス会司祭）

訳者の岡村和美さんは，本文の翻訳だけでなく，当時の状況や地理の確認も，情熱をもって取り組みました。明治時代のカトリック教会史はもちろん，およそ福音宣教とは何なのかを，改めて考えさせる書物です。

オリビエ・シェガレ神父（渋川教会・前パリ外国宣教会日本管区長）

奄美大島での宣教のことを知る貴重な資料として，日本の多くの方々におすすめします。非常にていねいな翻訳で，ハルブ神父の文章の個性やニュアンスが見事に反映されています。ハルブ神父はこの本の出版をきっと大いに喜んでいます。

目次

この本のできるまで——監修の辞

安渓遊地

この本は，前ページの推薦の辞にあるように，沖縄と奄美にカトリックを根付かせようとしたパリ外国宣教会にかかわる人びとの足あとを丹念にたどった，1925（大正 14）年に書かれた貴重な記録です。明治に入り，日本の鎖国が解かれてからも，キリスト教はなお宣教が許されませんでした。その時代に，パリ外国宣教会の若き神父たちが，琉球王国と奄美大島で，はじめてのカトリック宣教のために傾けた巨大な努力の記録です。沖縄での孤立と，島人に溶け込んでいった奄美での日々。慣れない気候の中で多くの仲間を病気や水難で失いながら，地震の被害の中でも住民に手をさしのべつづけた神父たち。在日 50 年を超え，熊本県天草市の崎津教会の墓地に眠るハルブ神父が書きとめた記録が，執筆から 95 年の時を経てようやく日本語になったものです。

本のもととなるコピーを翻訳できないかと託されたのは，2009 年 9 月のことでした。総合地球環境学研究所の主催で，奄美大島の大和村で「いま聞きたい・語りたい——人も自然も元気な奄美の秘密」と題するフォーラムを開催したとき，たくさん集まって下さった地元のみなさんの中に，観光ガイドをしておられる「しまさばくりにん」こと栄和朗さんがおられたのです。「面白そうな内容でぜひ読んでみたいのだけれど，フランス語なのでさっぱり意味がわからない」という言葉とともに手渡されました。

私は，沖縄や熱帯アフリカの，人と自然の関係の研究が専門で，フランス語とはアフリカ地域研究のためにパリで 1 年半すごしたという程度の経験しかありませんが，ざっと目を通してみると，沖縄と奄美でのカトリック宣教の初期の記録として非常に詳細なものだとわかりました。母の故郷が瀬戸内町西阿室で，加計呂麻島唯一のカトリック教会のある場所ですから，これもなにかのご縁と思ってお引き受けしてから，10 年もの時が経ってしまいました。

2017 年まで大学教員であった私は，なかなか翻訳の時間がとれそうにありませんでしたから，山口日仏協会の仲間の岡村和美さんに，コピーをお渡しして訳してもらえませんか，とお願いをしました。とりかかった岡村さんは，こつこつと努力を重ねられました。しかし，18 年かかって 2 名の洗礼者しか得られなかった宣教師たちの苦難の日々が綴られた沖縄編の訳業は，カトリックの熱心な信者である岡村さんにとっては余りにも過酷なものであったようで，最終の原稿ができたのが，2019 年 8 月でした。その間，フランス語については，山口日仏協会会長の末松壽先生（九州大学文学部名誉教授），カトリックの教えについては，現在，山口市のサビエル記念聖堂の主任司祭である百瀬文晃先生（元上智大学神学部教授）の教えを受け，訳文の修正を進められました。

私は，こうした経緯で監修を引き受けさせていただくことになり，主に奄美の地名や住民の生活についての面から，必要な場合には原文にもどって訳文を検討させていただきました。どうしても調べが付かなかった中国の地名については，前パリ外国宣教会日本管区長オリビエ・シェガレ神父にお願いして，パリ外国宣教会の専門家のご教示をあおぎました。また，栄和朗さんや，喜界島の助祭である四條淳也さんには，推薦の辞をたまわった神父様方をはじめとする多くのカトリック関係者を紹介していただくとともに，貴重な資料を提供していただくことができました。

岡村さんは，たくさんの詳細なる訳註を作成されましたが，キリスト教について基礎的な知識がない読者のために，事典などからの引用をしたものが中心でしたので，今回の訳では，最小限のものを

［……］にくくって文中に示すに留めました。

出版にあたっては，これまで奄美や沖縄に関するいくつかの本の出版を引き受けてくださった，南方新社の向原祥隆社長にお願いをすることになりました。

口絵として，本書に登場する主な宣教師の写真を，既存の本からの引用で掲載させていただいています。いくつかの写真は，パリ外国宣教会の日本管区長様とドゥゲストゆりさんのお心づかいによるものです。表紙には，奄美市で染め織りの創作工房「さねんばな」を営んでおられる佐竹京子さんが 1997 年に奄美大島各地に足を運んで撮影された，教会の庭で遊ぶ子どもたちの写真を使用させていただきました。

2019 年 4 月には，ハルブ神父が建設に携わった，瀬留教会と浦上教会の復活祭のミサに妻とともに参加させていただき，この本の内容をご紹介して予約を募らせていただくことができました。瀬留では和やかな交流会にも参加させていただき，りっぱな『瀬留カトリック教会献堂 100 周年記念誌』をいただきました。本書の出版を心待ちにしてくださったみなさまに，印刷用版下の作成を担当した私の都合により，出版が遅延したことをお詫びもうしあげます。

この本では，現在の事典の表記に合わせて，フランシスコ・ザビエルと表記されていますが，最近，私が監修したもう一冊のカトリック関係の本『地中海食と和食の出会い——サビエルと大内氏の遺産を生かして』（南方新社，2019 年）では，現地バスク地方および山口での発音に近い「サビエル」と表記しました。本書とあわせてお読みいただければ，サビエルのひととなりや，ふるさとでの様子，日本での活動などについても，これまでにない知識が得られる内容となっています。

訳者の岡村さんが参照された資料は，本の末尾に載せましたが，著者のハルブ神父についての詳しい評伝が，廣瀬敦子著『よみがえる明治の宣教師――ハルブ神父の生涯』（サンパウロ，2004 年）として刊行されています。その中には，地元の赤尾木集落の人たちから「赤ひげ神父様」と親しまれ，キャベツやトマト，クレソンなどの西洋野菜の作り方や種子の採り方を教えた恩人としての姿が描かれています。

パリ外国宣教会から日本に派遣された宣教師については，2018 年に脇田安大著『パリ外国宣教会宣教師の軌跡――幕末から昭和初期の長崎を中心に』（長崎の教会群情報センター）が出版されました。これは，本書にも登場する多くの宣教師について，大判の見開き 2 ページ，豊富な写真入りで紹介したものです。内容的にはカトリック長崎大司教区が監修したしっかりしたもので，フランス語の人名や地名の表記についても，本書に推薦の辞を寄せて下さったシェガレ神父が協力しておられますから，まずは今後の日本語訳の標準となるものと考えられます。

パリ外国宣教会の年次報告も，松村菅和・女子カルメル修道会の訳で，1996 年に聖母の騎士社から刊行され，『パリ外国宣教会年次報告Ⅰ (1846-1893)』には，本書で扱われた奄美大島についての短い記述もあります。地名や人名表記を日本語で表現する困難や，カトリック用語集の解説も付けられていますから，より深く学びたい方には有用な資料でしょう。

文（かざり） 英吉『奄美大島物語（増補版）』（南方新社，2008 年）は，旧版にはなかった「神父さん群像」を加えており，必読のものです。その中で，コシュリー神父がコゼリ神父，本名はコルベリー神父として紹介されているのが珍しく思われます。また，中村長八神父についての詳しい思い出が興味深く，その中に中村神父が以下のように語ったことが紹介されていて，ハルブ神父らがいかに地元のことばを身に付けることを重視していたかがわかります。

> ハルブ神父さんは，一度瀬留の教会でボーネ神父さんと会われたことがあったんですが，ひとりは嘉渡ことば，ひとりは赤尾木ことば丸出しで地元の人顔まけという形でした。……とくにハルブ神父さんは，そのなまりまで全然赤尾木ことばで，暗すみで聞くと赤尾木の人としか思えませんでした（同書，548 頁）。

これほどまでに深く溶け込んで暮らしていたパリ外国宣教会の宣教師たちが，心ならずも立ち去ったあとの奄美大島では，カトリック信者に対する苛烈な弾圧が進められていきます。その様子は，小坂井澄著『「悲しみのマリア」の島——ある昭和の受難』（集英社，1984 年）に，美しい写真つきのドキュメンタリーとして描かれ，さらに，地元新聞の記者の手で宮下正昭『聖堂の日の丸——奄美カトリック迫害と天皇教』（南方新社，1999 年）が出版されています。

そうしたカトリックの歴史を踏まえて，いくつもの大型本が奄美の地元では発行されていますが，その中から次の 1 冊をあげておきます。奄美福音宣教 100 周年記念誌編集部『［カトリック］奄美 100 年』奄美宣教 100 周年実行委員会（1992 年）。

ここに訳出された報告の原典の画像とフランス語テキストは，インターネット上で公開されています。そのアドレスについては，本書の最終ページをご覧下さい。

現在の奄美の教会の美しい写真は，例えば以下で見られます。
https://amami.studio-kerasa.com/church.html

カトリック鹿児島司教区の公式のホームページの奄美の教会紹介は，以下にあります。https://kagoshima-catholic.jp/diocese/amami/

この小さな本の出版まで，お力添えをいただいたすべての方々に心から感謝申し上げます。

4e Année 1925
BULLETIN
de la Société des
MISSIONS - ÉTRANGÈRES
DE PARIS
HONGKONG
Imprimerie de Nazareth

1925 年に香港で印刷された本書の原典の表紙

第1章　琉球[1-1]

1549年8月15日，聖フランシスコ・ザビエルは鹿児島に上陸し，50年間で彼と弟子たちおよび後継者たちは，30人の領主たちと約100万の日本人を改宗させた。

大勝利の何年か後には，この若き輝かしき宣教を完全に壊滅させる迫害が続いた。日本は世界の他の地域から孤立し，宗教的真理の太陽によって一瞬の間照らされたこの島々の上を徐々に深く沈黙が支配していった。

2世紀の時が流れ去った。

教会にとって大切なこの土地にふたたび十字架を打ち立てるという幸運は，神の摂理によってパリ外国宣教会に取っておかれていた。

しかし，この幸運は英雄的な犠牲という代価をはらって獲得されることとなった。それは，文明の進んだ諸国が，頑なに閉ざされているこの帝国と再び交わりを結ぼうと努めている時代であった。

1. 上陸

1844年4月28日守護聖人ヨセフ（Joseph）の祝日［現在では3月19日］に，フォルカード（Forcade）神父[1-2]は琉球列島の那覇に，フランス国旗の保護の下に上陸した。琉球列島は日本の南にあって，九州と台湾の間に位置している。約2000平方キロメートルの面積

1-1 訳註。雑誌連載当時のタイトルは，「琉球列島におけるパリ外国宣教会（日本）」であった。第1章は「琉球」，第2章は「大島」，第3章と第4章は「大島（続き）」そして第5章は「大島（終）」だった。毎回の末尾に，「A. ハルブ　長崎の宣教師」と執筆者が記されているが，本書では第5章にのみ残した。

1-2 テオドール - オーギュスタン - フォルカード（Théodore Augustin FORCADE）1816年3月2日ヴェルサイユ（Versailles）にて出生。1839年に司祭となり，1842年に外国宣教会の神学校に入学。1843年にマカオで修道会の副管財係。翌年，琉球に赴任。1846年初代教皇代理所管地域の代牧（Vicaire Apostolique）；次いでガドループ（Guadeloupe）（1853年），ヌヴェール（Nevers）（1861年）の司教，エクス（Aix）（1873年）の大司教を歴任；1885年9月12日死去。

に 57 万 1565 人（1920 年統計）の人口を擁している。中国に従属するこの小王国は, 1609 年にその北部, すなわち大島諸島を日本によって奪い取られている。以後は鉄床とハンマーの間に挟まれ，日本と中国とに貢物を支払わざるを得なくなった。それがいまや不安定な独立を引き延ばす唯一の方策だった。列島全体が日本に併合されたのは, ようやく 1870 年のことである［琉球処分による沖縄県設置は, 1879 年]。

5 月 1 日，フォルカード神父は船上でミサを挙げ，彼の新しい宣教を「マリアのいと潔き御心」（Cœur Très Pur de Marie）の庇護のもとに置く。そしてまさにその日，彼は船着場の大きな敷石の上に完全な形で描かれたラテン・クロス［ラテン十字，本書の口絵冒頭の写真にある形］を見つけた。彼は“エ・フミ”（e-fumi 聖像を踏みつけること）というあの忌まわしい正真正銘の遺物を前にしていたのである。この十字架は，この地域に上陸をしようとするすべてのキリスト教徒たちに，棄教の行為を強制するためにここに刻まれたものに他ならなかった。神の教えは，昔の日本宣教師たちの時代に，琉球で宣べ伝えられていたのだろうか。ドミニコ会の修道士達は，フォルカード神父にそうだと断言し，彼らの神父達の一人がそこで殉教したと付け加えた。聖フランシスコ・ザビエル（Saint François-Xavier）やその後継者たちの時代には, 琉球の船は朝鮮や日本の様々な地方と連絡しており，そこにはキリスト教徒たちの共同体があって繁栄していた。琉球の商人達は，日本におけるキリスト教信仰のことを知っていなかったのだろうか？　そして彼らは自分の故国にそれを伝えなかったのだろうか？

2. 定住

5月6日, フォルカード神父は泊にあるアミコ［天久］の仏教寺院［現在の真言宗聖源寺］に最終的に身を落ち着ける。セシーユ（Cécille）提督が広東の牢獄から救い出したばかりの中国人男子のカテキスタを伴って。[1-3]

この仏教寺院は，那覇から約 1.5km の所にあり，この都市と同じ湾に面していた。しかし，そこは海から上陸することが難しい場所であった。仏教寺院には 2 棟の建物があって，そのうちの一つは僧侶たちの住居として使われ，もう一つは最初は仏教の御堂，次いで傍らの奥，所有地の囲い塀のそばに，2 方向に開かれた 16㎡の一部屋があった。そこから那覇湾が眺望できた。これが神父と同伴者の住居となった。この寺院は全ての住宅地から離れて，完全に孤立していた。所有地の入口の外側には，樅の林があり，その樹々はことさらに外国人達の墓を覆い隠していた。

おそらくフランスの介入を恐れたために，宣教師個人へのあらゆる暴力は完全に禁じられた。しかしそれでも，これは一種の囚人生活を送ることに変わりはなかった。夜も昼も，彼は媚びへつらう下級の役人たちに囲まれて生活していた。しかし役人たちは誠実な牢番に他ならなかった。もし彼に事物の名前が教えられることがあるとしたら，語の意味を偽ってそうされるのだった。しかし彼に好意を抱いた一人の身分の高い役人が，いくつかの対話を彼に書き取らせた。こうして彼は 6000 語からなる辞書を作り上げることができた。けれども彼には福音を宣べ伝えるいかなる自由もなかったし，また現地人には福音を受け容れる自由はなかった。

3. ル・テュルデュ神父の到着

この恐るべき孤独の中で 2 年間が過ぎ，宣教師は自分が見捨てられたと思っていた。そのとき 1846 年 5 月 1 日，1 隻のフランス船が

1-3 M.E.（Missions Étrangères：外国宣教会）の『報告書』1924 年 26，27，28 号の「中国人司祭の美しき肖像」オーギュスタン・コー（Augustin Kô）」参照。

彼のもとにル・テュルデュ[1-4]（Le Turdu）神父なる一人の同僚を連れて来た。同時に，フォルカード神父は，グレゴリオ（Grégoire）16世が日本を宣教の代牧区＝教皇代理所管地域（Vicariat apostolique）に昇格させたところであり，勇敢な琉球の守護者であるフォルカード神父がその初代の代牧（教皇代理所管地域の司教に相当）になるべく指名されたということを知った。フォルカード神父［後に大司教となったためか，これ以後，原文ではMgr（猊下）と敬称される］は，「魂を回心させる並々ならぬ天賦の才に恵まれた」この新しい戦友の到来を大いに喜んだ。しかし，彼らは長い間一緒にいることにはならなかった。実際，つづく7月17日にはフォルカード神父はル・テュルデュ神父を泊に残して，セシーユ提督と共に日本と朝鮮に向けて出発したのである。ル・テュルデュ神父はこの完全な孤独をたやすく甘受した。もっとも，孤独は誰が考えても短期間しか続くはずはなかった。セシーユ提督は，宣教師たちはこれからは仏教寺院全体を自由に使用し，家賃を支払い，監視隊は姿を消し，宣教師達は自分の家にあっても外にあっても自由で，一般法のもとに置かれ，現地人たちと同じ身分に置かれることになる，という措置を取り付けていた。

4. アドネ神父の到着

次の９月５日には，アドネ[1-5]（Adnet）神父が寧波（Ningpo）でフォルカード神父と出会った。フォルカード神父は，司教の叙階を受けるためにマニラに向けて出発する一方，アドネ神父は琉球へと向かい，９月15日に到着した。軍艦が出発するとすぐにル・テュルデュ

1-4 ピエール - マリ - ル・テュルデュ（Pierre-Marie LE TURDU）1821年8月6日カンタン（Quintin, Côtes du Nord）にて出生。1844年司祭。1846年に琉球に赴任；1850年Couangtong宣教団に加入；1861年広東（Canton）で死去。

1-5 マティウ - アドネ（Matthieu ADNET）グラン - ヴェルヌイユ（Grand Verneuil）（ムース Meuse県）にて1813年12月8日出生。1839年司祭。1844年外国宣教会の神学校に入学。1846年琉球に赴任。1848年7月1日那覇にて死去。

神父とアドネ神父は，身分の高い役人たちの彼らに対する意向の中に根本的な変化が起こっていることに気付いた。すでに中国でフォルカード神父に対して苦情を述べていた琉球政府は，２人の宣教師たちを帝国補佐官に告発したのだった。補佐官はその件でセシーユ提督に書簡を送った。提督はこの年に早速２人の宣教師たちが琉球を去ることを約束するのが宣教にとって有利であると信じた。

5. ２人の神父の孤立

1847 年 2 月 21 日，フォルカード神父は［マカオから移転した］香港の外国宣教会の推進事務局（La Procure）の礼拝堂で司教の叙階を受けた。ついで琉球行きの船を出すことができず，自分の宣教の業務を取り扱うためにフランス及びローマに向けて出発した。

この間，泊の 2 人の宣教師は，フォルカード神父の場合に劣らず監視され，一般法の外に置かれたのであった。彼らが通りかかると，家々は戸を閉めた。様々の物品は，彼らには途方もない値段で売られた。彼らは無法者だった。彼らを最も深く悲しませたことは，無為を余儀なくされ，人々に近付いて言葉をかけることができないことだった。人々は，彼らの面前から逃げるよう命令されていたからである。ル・テュルデュ神父は書いている。

> 私たちの聖なる宗教に対してほんのわずかでも敬意を表明するならば，投獄もしくは追放の刑に処せられるだろう。私たちはプロテスタントの牧師［ベッテルハイム Bernard Jean Bettelheim 1811-1870。聖書を琉球語に翻訳］とは反対に，決して公的に話すことはなかった。プロテスタントの牧師は話をすることを禁じられていなかったが，人々は彼の話を聞くことを禁じられていた。たしかに私たちは公的には説教をしなかったけれども，個人的にはしばしば説教することがあった。しかし私たちが神について彼らに話す時には，これ

らの善男善女は私たちにこう言うのだった。「あなたがたがおっしゃることは立派なことです。けれども私たちはそれに耳を傾けることができないのです」

ある日のこと，ル・テュルデュ神父の不在中にアドネ神父は島の北部からやって来た一人の老人の訪問を受けた。老人はただ外国人たちを見るためにやって来ただけだ，と言った。彼が去ってしまうとすぐに，この訪問には何かしら奇妙なところがあると気付いて，神父はこの老人を再び見つけようと急いで外に出た。だが無駄だった。ル・テュルデュ神父はそこで島の北部を訪ねることを決意した。高級役人たちはその訪問を禁じることはできなかったので，彼が立ち寄るはずの村々や集落群に，決して彼を受け入れてはならない，一切の食べ物を彼に与えない，それどころか彼と話してもならない，との命令を送達した。そのことは少しも神父を引き留めはしなかった。空腹を感じた時には何か任意の小屋にバナナを買いに入って，そこにいる人々に彼らが返事をしてくれない限り出ていくつもりはないと告げたのであった。彼の旅は 5 日間続いたが，例の老人を見出すことはできなかった。彼は，自分が昔のキリスト教徒の子孫の一人と関わったのだという確信を持ち続けた。

6. アドネ神父の死

琉球に到着したときすでに病を得ていたアドネ神父は，初めは断続的な発熱しか患っていないように見えた。彼の同僚［ル・テュルデュ神父］はやがて彼が肺結核を患っていることを知った。アドネ神父は 20 カ月間闘った。自分の苦しみを，かくも遠くまで彼が探しにやって来た人々の救済のために，神に捧げながら。1848 年 7 月 1 日，彼は亡くなった。傍らに跪いて，彼の同僚は日本の新しい教会の最初の宣教師の死を看取った。そして独りになって，彼にとっ

写真　那覇市泊の外国人墓地にあるアドネ神父の墓（嘉目克彦さん撮影）

て父ともなり友ともなって下さるように，世界を統べる神に懇願した。この時にル・テュルデュ神父は宰相および首里・那覇の里主たちからのお悔みの訪問や手紙を受け取った。3日の間，彼は高級役人たちやその随行者たちの前でミサ聖祭を捧げた。アドネ神父は寺院に近い小さな林の中に眠っている。その墓は今日まで丁寧に扱われては来た。けれども，それにはもはやキリスト教的性格は全く見られない。しばらくして7月27日，ル・テュルデュ神父は琉球を去り，フランス船に乗って香港へと出発した。

7. 香港でのフォルカード司教

1848年9月12日フォルカード司教は香港に到着した。彼は日本の宣教に加えて，香港の宣教の責任も負っていた。彼は宣教師たちとともに香港の宣教を指揮すると同時に，そこから日本の宣教に入り込む機会をうまく探すことができるのではないか［と考えた］。宣教師たちはもはや軍艦の保護のもとにではなく，簡単な小舟で日本に入る多くの計画を作成していた。熟慮の結果，フォルカード司教は次のように決定した。日本は近いうちに外国に対して門戸を開くにちがいないので，その日まで待つが方が良いと。琉球で嘗めた数々の窮乏と香港の気候のせいで，司教の頑健な身体はついに衰えていたのである。さらに香港で司教に与えられていた地位の曖昧さによるにせよ，日本への入国を妨げる絶え間ない困難によるにせよ，引き起こされた様々の心配のために彼の健康は大きく悪化していた。異なる気候への転地をすれば元気を取り戻すことができるのではないかと考えて，彼は数カ月間を過ごしにシンガポールへ行った。

1850 年 9 月 25 日彼は香港に戻り，かつての活力をほぼ取り戻したと思われた。しかし，彼の表情には，深い言い表しがたい悲哀が現れていた。ほかならぬ香港にあるシャルトル聖パウロ修道女会（Saint Paul de Chartres）の修道女である彼の姉の死［アルフォンジィス，1850 年 10 月 13 日死去，行年 36 歳］という，彼の心にとって最も辛い試練のためにそれはさらに大きくなっていた。再び彼は自分の残酷な病の兆候を感じた。赤痢と発熱に蝕まれ，医者達の忠告に従って，彼はマニラに発った。ついで彼は Zikawei［上海の徐家涯］で中国の司教たちの司教会議に出席した。そこで人々は回復する唯一のチャンスとしてフランスに帰国することを彼に強く勧めた。1851 年 12 月 31 日，彼は香港に戻り，1 カ月後ヨーロッパへと出発した。翌年彼はグアドループ（Guadeloupe）の司教に任命された。

教皇庁の布教聖省は，日本教区長という肩書とともにコラン（Colin）神父[1-6]をフォルカード司教の後継者として選んだ（1853 年）。コラン神父は，外国宣教会の代理人であるリボワ（Libois）神父[1-7]に

1-6 シャルル - エミール - コラン（Charles-Emile-COLIN）1812 年 5 月 12 日スノーヌ市（Senones，ヴォ―ジュ Vosges 県）にて出生。1845 年に司祭。翌年外国宣教会の神学校に入学；1847 年満州の宣教師，1853 年日本教区長；1854 年 Tchakeou［中国東北部瀋陽付近の地名，現代の表記は Chagou 岔沟］にて死去。

1-7 ナポレオン - フランソワ - リボワ（Napoleon-François LIBOIS）1805 年 12 月 14 日シャンボワ（Chambois, オルヌ Orne 県）にて出生。1830 年司祭。1836 年外国宣教会の神学校入学。1837 年にマカオで副代理人。1842 年代理人。1847 年代理局を香港に移動。1866 年ローマにおける代理人。1872 年ローマにて死去。

自分がまもなく香港に到着することと，琉球に赴任する計画を知らせ，そこに一人ないしは2人の宣教師とともにジラール（Girard）神父[1-8]を派遣してくれるよう依頼した。やがてそこで彼らと合流しようと考えたのであった（ジラール神父は，自分が日本に行く定めにあることを知っており，1848年以来そこへ赴くための良い機会を待っていた）。しかし，コラン神父は［満州の雪解け道の200里の旅の間にチフスと肝炎にかかって］1854年5月23日に亡くなった。だが,コラン神父の死は,彼らの計画の実現の妨げとはならなかった。

8. ジラール神父・フュレ神父・メルメ神父の到着

1855年2月11日ジラール神父，フュレ（Furet）神父[1-9]およびメルメ（Mermet）神父[1-10]がフランスの商船に乗船し，早くも26日には琉球に到着した。［上陸許可を得ようと］3月1日まで奔走したが，そのたびに厳格で頑固な拒絶にぶつかった。気落ちすることなく宣教師たちは翌日下船しようと決定した。朝から彼らの荷物は地上に運ばれる。この時当局は苛立つ。6時に宣教師たちは摂政［Régent,那覇里主］の接見を受けた。とうとうジラール神父はこう言った。「あなた方は私たちを厳罰に処すことが自由にできます。私たちは発っていく気はありません。発っていくくらいならむしろ私たちを殺してください」。この発言は良い効果を生んだ。摂政は宣教師たちに天久の寺院に住むことを許可した。しかし2，3カ月後には彼らを

1-8 プリュダンス － セラファン － バルテルミ － ジラール（Prudence-Séraphin-Barthelemy-GIRARD）1821年4月5日アンリシュモン（シェール Cher 県）にて出生。1845年司祭。1847年外国宣教会の神学校に入学。翌年日本での宣教師。1857年宣教団の日本教区長；1867年12月9日横浜市にて死去。

1-9 ルイ － テオドール － フュレ（Louis Théodore FURET）1816年11月25日コメル市（Commer, マイエンヌ Mayenne 県）にて出生。1839年に司祭。1852年に外国宣教会の神学校に入る。1855年に琉球赴任。1869年司祭。1869年フランスに帰国。1900年にラヴァル市（Laval）にて死去。

1-10 ウジェーヌ － エマニュエル － メルメ（Eugene-Emmanuel MERMET）1828年9月11日オート・モリューヌ（Haute-Molune, ジュラ Jura 県）生まれ。1854年に司祭。同年日本にて宣教師。1864年フランスに帰国。1871年死去。

連れ戻しにやって来るという条件付きであった。

2日の間，あらゆる種類の糧食や日用品が［欲しいと言っても］拒絶された。しかし少しずつ宣教師たちの心配は消えた。けれども15人ほどの番人たちが彼らを見張っている。彼らが外に出て来ると，忠実な監視人たちが彼らの来ることを知らせるので，人々はみな逃げて行くのであった。

1855年5月8日フュレ神父は同僚たちと別れて，北へ向かって出発するフランス船に上船した。彼は日本に上陸して，そこに留まるという可能性を垣間見たのだった。しかしそれは空しかった。ほどなくして彼は香港に戻った。

ジラール神父とメルメ神父はスータン［司祭の平服で黒の長衣］を着て，住居が那覇のまさに中央地に移されていたにもかかわらず，まるで砂漠でのように生活していた。メルメ神父は次のように書くことになる。「かつてそこは人々が足繁く訪れる散歩場だった。今日では草と茨が道を塞いでいる。私達の家の方を向いていた家々は，背を向けて反対側に開くようになった。2日か3日ごとに2人の下級官吏が私達に日本の書物を翻訳してもらいにやって来た。彼らは会話が宗教的な分野にわずかでも及びそうな場合には，これを頑なに狂信的に拒絶した。彼らは何らかの誓約によって縛られているのだと信じたくなるというものだ」。この2人以外の人々とは誰であれ，ほんのわずかの交流でも持つことは不可能であった。もし一人の労働者がやって来るとしたら，常に見張り役の者に伴われていた。下男下女たちは毎月交替し，宣教師たちとはその世話についてしか話すことはできなかった。しかし神様が最初の新信徒を見せて下さったのは，この人々の中からであった。彼は22歳であった。暗闇を利用して教えを受け，準備して，クリスマスの夜に洗礼を受け，フランソワ・グザヴィエ（François Xavier）という名前を頂いた。気骨があり人並み以上の洞察力に恵まれていて，素晴らしいカテキスタになることができた。先祖礼拝の日に，彼は体調不良を口実に儀式に参加しないで済ますことができた。彼の抑えきれない熱意，恩寵が彼の内で生じさせた変化のために，警戒心の強い父親はこのことを見抜いた。その粘り強さに激怒した父親は，彼自身も家族全員も翌日すぐに裁きの厳格さの前に身を委ねることになると断言した。若きフランソワは夜，宣教師たちに相談するために走って行き，「キリスト教を表明する者は誰でもその両親や一親等の親戚みなと共に死ななければならない」と彼らに知らせた。フランソワは引き下がった。目に涙を浮かべて，しかし冷静に勇気に満ちて。この家族の運命はどのようなものであったのだろうか。改宗者はどうなったのであろうか。ある日のこと，尋ねられた高級官吏はある当惑と動揺をはっきり示しながら「あの男はもはや首都にはいない」。と答えた。

もう一人の若者が彼らに素晴らしい希望を与えた。しかしそれを知った家族が彼をきわめて酷く扱ったので，その教育を続けて行くことはできなかった。ある家の主人もまた，監視にもかかわらず，密かに宣教師たちと長く関わった。しかし，彼は成果を上げることはなかった。

9. ムニクゥ神父の到着とメルメ神父の香港行き

しかしジラール神父とメルメ神父を長い間2人だけにしておくことはできなかった。というのは彼らのうち一人が亡くなるようなことがあれば，もう一人は完全な孤立に追い込まれることになるからである。以前，ル・テュルデュ神父に起こったように。そこで，リボア神父は手始めに，フュレ神父はムニクゥ（Mounicou）神父[1-11]と

1-11 ピエール - ムニクゥ（Pierre MOUNICOU）1825年3月4日オサン（Ossun, オート ピレネ Hautes-Pyrénées 県）にて出生。1848年司祭，香港で副代理人。1856年日本の宣教師。1871年神戸にて死去。

ともに［上海から］那覇へ戻ること，気候と［日仏条約締結の通訳など］過度の仕事によって衰弱しているメルメ神父は香港に帰ることを決定した。フュレ神父とムニクゥ神父は 1856 年 10 月 26 日に琉球に到着した。到着 3 週間後，老那覇里主は自ら彼らを訪問し，ジラール神父と共に夕食に招待した。夕食は作法に適ったものであり，里主はとても丁重だった。しばらくして 3 人の大臣のうちの一人が名刺を添えて彼らのもとに菓子を届けて来た。しかし結局，これらすべての心遣いは，彼らがその対象であった警戒厳重で排他的な政策をいささかも変えるものではなかった。宣教師たちが礼に対して礼を返そうとした時，彼らは以前と同じく住人たちの様々なやり口に直面した。［それでも］神父たちの申し立てによって，ついに住民が彼らの質問に答える許可を手に入れた。しかし，以前と同様に，宣教師たちは人々に対して宗教的な働きかけをすることはないままだった。それでもその間に彼らはその地域の言語と日本語を学ぶことはできた。

10. 日仏条約の締結

その間，ヨーロッパ諸国と日本の間で交渉は続いていた。1858 年にはついに，グロ（Gros）男爵が長崎と横浜と箱館［現在の函館］の 3 つの港の開港を獲得した［日仏条約第 13 条，10 月 9 日調印］。それらは商業だけでなくカトリックの宣教に対しても［同条約第 4 条によって］開かれていた。宣教師たちはこの約束の地に入って行くことになった。新たな日本宣教の責任者（supérieur）の任命が是非とも必要になった。ジラール神父がこの地位に就くよう選ばれた。

2 年間というもの，ジラール神父はいかなるフランス船の訪問も受けていなかった。1858 年 10 月 25 日，長崎から戻る 1 隻の護衛艦が，日本とフランスの間で締結された条約のニュースと，彼の任命のニュースをもたらした。この役目にひどくたじろいだ神父は，［任命を］辞退しようとして，翌日琉球にフュレ神父とムニクゥ神父を残して香港へと発った。約 3 年間彼は世間から離れていたので，日本に行く前に世の状況について知識を得る必要を感じていたのだ。彼が横浜に上陸したのは，ようやく 1859 年 9 月 6 日のことである。ジラール神父は，目の前に開けている［横浜という］広大な田園を目にして，フュレ神父を琉球に一人残しておくことはできないのだから，その島々を放棄しようと考えた。しかしパリから一通の手紙が届き，ルセイユ（Rousseille）神父[1-12]——この神父に彼は期待していた——が神学校の校長になってパリに戻ることが知らされるとともに，あれ程の苦労の後で琉球が放棄されることはないという望みがそこには述べられていた。

11. 琉球に残されたフュレ神父とムニクゥ神父

2 人きりで残されたフュレ神父とムニクゥ神父の状況はもっとも少しばかり改善されてはいたが，福音の宣教は相変わらず数々の同じ障害にぶつかっていた。とりわけフュレ神父は，自分の生活の明らかな無益さをやっとのことで我慢していた。一方ムニクゥ神父のほうは言語において大きな進歩を遂げていた。彼はこう繰り返していた。「年老いた石頭は何も学ばないよ」。人々は彼らに教師たちを提供する点では協調的になっていた。神父らの手に一冊のかなり奇妙な本が手渡されたのはその教師たちを通じてである。それは三位一体，天地創造等々を論じていた。フュレ神父はすでに数学の知識によって学者という評判を得ていた。［宣教師の膏薬として有名に

1-12 ジャン‐ジョセフ‐ルセイユ（Jean-Joseph ROUSSEILLE）1832 年 8 月 1 日ボルドー（Bordeaux）にて出生。1855 年司祭，翌年香港の副代理人；1860 年パリ神学校の校長；1872 年から 1880 年ローマで代理人；1880-1883 年神学校長；1884-1899 年ナザレの家（la Maison de Nazareth）の院長；1899 年ビエーヴル神学校（Séminaire de Bièvres）の校長；1900 年 1 月 22 日死去。

なっていた］リボア神父の軟膏のおかげで，彼はやがて10里四方に一流の医者として通るようになった。彼は歯医者の職を行うつもりですらあった。以上のことは，宣教師たちが以前よりはもっと容易に人々と関係を持つようになったことを示している。――「私たちは大人しすぎる」とフュレ神父は書いている。「私の考えでは籐の杖で数回殴られて，その代わりに福音を告げ，魂を獲得する可能性があった方が，はるかにましなのだ」と。

フュレ神父は，公に宗教を教える認可を得るために，新たな奔走を試みる時がやって来たと考えた。彼はキリスト教擁護の小論を書く計画を心に抱いていた。それをムニクゥ神父が日本語に翻訳し，彼らは二人してそれを里主に提出しに行くことができるのではないだろうか？　数カ月後に翻訳は完了して，彼らはもはや好機を待つだけになっていた。新しい宣教師の到着が，その機会を彼らに提供してくれることになった。

12. プティジャン神父の琉球上陸

1860年10月27日，プティジャン（Petitjean）神父[1-13]が琉球に上陸し，その翌日ムニクゥ神父は日本に向けて出発した。プティジャン神父の到着によってフュレ神父は10年若返った。この機会を利用して，主任司祭と助任司祭は当局者たちを訪問し，至る所で好意的な応対を受けた。フュレ神父は都合の良い時を見計らって，王宛ての書簡を携えて琉球の首都に赴き，摂政との会見を求めた。多大の困難の後で入手された返答は完全に否定的なものだった。すなわち「国は孔子の教えに従っている。国を統治する上で我々にはそれだけで十分である。我々は天主教を必要としていない」。

1-13 ベルナール - タッデ - プティジャン（Bernard-Thaddée PETITJEAN）1829年6月14日ブランジィ（Blanzy, ソーヌエロワール Saône-et-Loire県）生まれ。1853年司祭。1859年外国宣教会の神学校入学。1860年に日本の宣教師。1866年に布教地の司教（Vicaire apostolique）。1876年には南日本司教；1884年10月7日長崎にて死去。

しばらくして大臣達が彼のもとに贈物を届けさせた。彼はそれを断ったし，また宗教が問題になるのでない限りは邸宅へ赴くようにとの招待も辞退した。――「私たちには 2 つの大きな悲しみがある。一つは多くの住人達が自分の魂のことを考えることなく死んでいくのを見る悲しみであり，もう一つは我々の邪魔をして住人にこの宗教を教えさせなかった人々を，神が厳しく罰せられることになると考える悲しみである」。――またある時は，真理を拒絶した諸々の王国の上にかかる我らの主の呪詛のことを思い出しながらこうも述べている。――「もし何らかの罰があなた方の上に襲いかかるようなことがあっても，私は驚かないであろう。私たちの出発は，あなた方にとっては一つの不幸となるだろう」。ところでその後しばらくして，驚くべき流星が破裂して那覇に恐怖を撒き散らした。次いで，ある伝染病が恐るべき被害をもたらした。最後に並外れた旱魃が深刻な食糧難をもたらした。

13. 2 人の宣教師琉球を去る

丁度その頃一隻のフランス船がやって来て，2 人の宣教師［プティジャン神父・フュレ神父］を日本に移送して行った。彼らはフォルカード神父がこの列島に到着して 18 年後にこの地を去ったのだった[1-14]。

1-14 沖縄（琉球）島に居住した宣教師達：

フォルカード神父	―1844 年 4 月 28 日～ 1846 年 7 月 17 日
ル・テュルデュ神父	―1846 年 5 月 1 日～ 1848 年 8 月 27 日
アドネ神父	―1846 年 9 月 15 日～ 1848 年 7 月 1 日
ジラール神父	―1855 年 2 月 26 日～ 1858 年 10 月 26 日
メルメ神父	―1855 年 2 月 26 日～ 1856 年 10 月
フュレ神父	―1855 年 2 月 26 日～ 1855 年 5 月 8 日
	―1856 年 10 月 26 日～ 1862 年 9 月
ムニクゥ神父	―1856 年 10 月 26 日～ 1860 年 10 月 27 日
プティジャン神父	―1860 年 10 月 27 日～ 1862 年 9 月

この18年の間に，宣教師たちは一人の日本人と一人の琉球の住人に洗礼を施す慰めを見出した。18年間に2人の受洗なのである！

この一語で宣教師たちの主な苦しみは明らかになる。それは取りも直さず，神のまなざしのもとで彼らの功徳がいかなるものであったかを語っている。神は獲得された成功の多寡に応じて報酬をお量りになるのでなく，また畝を作る者を収穫する者に劣らず祝福なさるのである。

14. 潜伏キリシタンの「発見」

プティジャン神父は長崎は大浦の，26人の殉教者の十字架が建つことになる山に面して建てられた教会のそばに身を落ち着けると，1865年3月17日幸いにも一群の婦人たちを発見した。この人々は聖母マリアの像の前で何千という昔のキリスト教徒たちの子孫の存在を告げ知らせた。司教に叙階されたプティジャン神父はこの新しいキリスト教徒の集団を組織することに専念した。しかし彼の心にとって特に大切であった琉球列島を忘れることはなかった。重い肝臓病を患っていたにもかかわらず，自分自身でそこに行って，宣教の基地を創設することを望んだ。不屈のエネルギーでもって九州の一部を徒歩で縦断し，鹿児島に到着した。そこで彼の病気は悪化し，疲れ切って倒れ，長崎に帰ることを余儀なくされ，そこで1884年10月に亡くなった。しかし雄々しい司教のこの振る舞いは忘れられてはならなかった。もっと先で見るようにほどなくして福音宣教は始まるのである。

1893年に［奄美］大島の大熊（だいくま）に居たマルマン（Marmand）神父[1-15]が

1-15 ジョゼフ－フェルディナン－マルマン（Joseph-Ferdinand MARMAND）1849年3月26日シマンドル(Simandre, アン Ain 県)にて出生。1876年司祭;長崎の宣教師;1912年死去。

沖縄を短期間訪問し，かつて宣教師たちが住んでいた場所やアドネ神父の墓を訪れた。

翌年，ハルブ（Halbout）神父もまたそこに行った。名瀬から那覇に向かう船上に，沖縄師範学校の教職員一同がいた。学校長は彼に首里の自分のところを訪ねて来るように招いた。神父は那覇で，洋服屋を生業とする一人のキリスト教徒に出会い，彼の依頼でその子供のひとりに洗礼を授けた。そして男の案内で昔の神父たちの住居を訪れた。それどころか，そこの老いた僧侶としばらく会話も交えた。その僧侶は50年前に――フォルカード神父やその他の神父たちがそこに居た時代であるが――小坊主であった。師範学校では歓迎された。土地のいくつかの中学校長の依頼により，彼は中学校を見て回り，大部分の生徒たちがまだ長髪を蓄えていて，それを留め金で留めていることに気づいた。彼はまた島の王の旧居城――それは兵舎になっている――に入ることもできた。隊長の副官であるカトリック信者のつけてくれた段取りのおかげで隊長と面談することもできた。

1900年にリシャール（Richard）神父[1-16]は大熊で沖縄出身者を改宗させた。その人の案内で沖縄に渡って，人々に神の言葉を聞かせようと試みた。けれどもせいぜいそこに渡っただけだった。

その少し前，フェリエ神父[1-17]が沖縄を旅行した。彼をことに惹き付けたのは信仰を保持することに成功した昔のキリスト教信者の子孫を発見したいという思いと希望であった。彼は自分には素晴らしい希望を抱くに十分な手掛かりがあると考えていた。那覇，首里および島内の他のいくつかの場所で２週間ばかり過ごした。しかし彼

1-16 アンリ・リシャール（Henri Richard），1867年11月5日ヴァルゼルグ（Valzergues, アヴェイロン Aveyron 県）生まれ。1893年長崎で宣教師。1910年死去。

1-17 ベルナール＝ジョセフ・フェリエ（Bernard-Joseph FERRIE）1856年８月10日モンロジェ（Montrozier, アヴェイロン Aveyron 県）生まれ。1880年長崎で宣教師。1919年死去。

が探しているもののいかなる痕跡も発見することはできなかった。彼はもし数人の宣教師が田舎に居を定められるなら，そこで改宗をさせる大きな希望を持つことができるだろうと確信した。けれども大島の私たちは十分に多人数ではなかった。今のところは不可能なこの仕事は延期するか，あるいは他の人々に手渡さなければならなかった。1909年フレスノン（Fressenon）神父[1-18]は沖縄に赴き，そこに数人のキリスト教徒を見出した。ミサ聖祭を執り行い，彼らに秘跡を授けた。

1-18 フレスノン　原注なし。本書113頁の略伝を参照。

第２章　神父たちのみた奄美大島

1. 地勢と気候

大島［奄美大島，原文ではオーシマ島］は，「北琉球」と名指された群島に属していて，九州南部の主要都市である鹿児島から 100 里，沖縄島（南琉球）の首都，那覇から 80 里のところにある。最大の長さはほぼ 15 里, その幅は数 100 mから 5 里（20km）まで様々である。北の部分は赤尾木においで極めて狭い半島を形成しており，かつて，名瀬から喜界島への航海を容易にするために切り離されそうになったことがある。そして東海岸にはわずかなトン数の船では迂回することの難しい笠利の岬がある。地域住民の抗議によってようやくこの工事はとりやめられた。

大島は，その名が示しているように，“ 大きな島 ” であり，この名前の郡を構成しているすべての島々の中で最も大きい島である。その面積は 290㎢，人口は 10 万人である。北部には，薩摩の岬に向かってほぼ直線状に 10 個の島があって，そのうち７つは大島の管轄に属している。もう一つの島である喜界島は東に位置している。

加計呂麻島は長くてとても狭い島で，大島のすぐそばの南にあって，大島とともに全く安全で見事な海峡を形成している。長さ７～8 里で数 100 mの幅をもつこの海峡は，西の入り口で，沖合の風からそこを守っているかなり高い２つの岬によって縁取られている。そのためこの海峡は海軍にとっては非常に重要な戦略拠点とみなされている。その上，海軍は日本の南部の他の場所では見出すことのできない上質の水をここで補給することができる。この海峡の西入口のすぐそばの大島の一部に見事な焼内湾がある。それは英国の地図類ではオルコック湾（Alcocq Bay）と名付けられている。1863 年に鹿児島への砲撃［薩英戦争］に参加した英国公使の名にちなんだ命名である。

大島の南西に，徳之島，沖永良部島そして与論島がある。与論島は沖縄の北 7 里に位置している。これらの島全体で，21 万 3578 人の住民を擁している（1917 年の人口調査）。

龍郷（たつごう）湾の奥に位置する浦（うら）の村を，その反対側の海岸にある戸口（とぐち）の村に結びつけている渓谷を別にすれば，大島はその中央にさほど幅広くない山を形成しているだけである。それぞれの側の海の方向にそのいくつかの支脈がのびている。この山は樹木，とりわけ緑の樫で覆われており，道がないことや起伏が激しいためにほとんど開発がなされていない。それに，そこには人が住んでおらず，咬むことで恐れられているハブ（クサリヘビ科の毒蛇）や，さつまいもや砂糖黍の畑を荒らすイノシシのために，大部分は耕作されていない。住人たちは皆，海岸にある 100 ほどの集落に集まっている。村は海岸から 1 里ほど離れた山麓から続く狭い谷の出口にあることも多い。それらの村は，いうなれば一つの谷に閉じ込められている。最も低い場所には普通，川か，あるいは急流があり，そのかたわらには，いくつかの水田がある。山のそれぞれの斜面にはさつまいも畑と砂糖黍畑がある。

大島は穏やかな気候に恵まれている。夏には，温度計は時には摂氏 35℃に上る。冬には 5℃まで下がることはめったにない。雪はそこでは知られていない。1895 年に雪が降ったことを人々は異常な出来事として引き合いに出す。老人たちは，それまで一度も雪を見たことがない，と語るのだった。雹もまたかなり稀である。しかし，雨はきわめて頻繁に降る。ここで人々は言う。大島では雨が月に 36 日降る！　と。そのため冬は，非常に湿度が高くて，氷の張る乾燥した寒さよりももっと耐えがたい。台風は家屋に対しても作物類に対しても多大の損害をかなり頻繁に与える。

2. 生活

民事の観点からすれば，大島郡は，島司（とうし）（島の知事）によって治められており，その権限は日本の他の地の郡長（副知事）のそれに勝っている。1910年頃まで，島は13の「方」（hô, 区，または小郡）に分割されていた。それらの先頭には，10ばかりの小集落に権限を持つ一人の長がいた。その時代に一つの改革が行われ，小郡の数は7つに減らされ，真の村議会が設立され，議員たちは住民によって選ばれた。村長はまだ上級行政機関によって任命されていた。しかしこの村長もまた，まもなく選挙によって任命されることになる。さらに各村落では，下級の職員が役場と住民の仲介者となっている。

この住民はどこに起源を有するのだろうか。それを言うのは難しい。ある人々は，南方・マレーシアから来たと主張する。この点ではいかなる伝承もない。Yowan［笠利の用安（ようあん）］の村の近く，その北部にある一つの洞窟の中で，現代の人々よりもっと長身の人骨が発見された。赤尾木の一つの村では，人々は南方からやって来た人々の遺骨を崇拝している。これらはみな大島人たちの先祖であるというのである。もっと真実らしいのは，現在の住民はいくつかの人種の混血である，ということである。南方の住民が様々の慣習をもたらしたのであろう。そしてそれらが現在まで伝わっているのであろう。言語は日本の方言とこの地方の単語との混合である。

かつて男たちも女たちも伸ばした毛髪全体を巻いて，しばしば銀製の留針で留めていた。役所が男達に髪を切るように強制した。始めは皆が従ったわけではなく，多くの者はいやいやながらそうした。今日では，額の上にその先端が下がる昔の留針をまだつけている者はほとんど見られない。女性たちについては，少しずつ日本のやり方に従った。

住民の食料は，特に甘藷（さつまいも）であり，ついで米・小麦・魚・肉，つまり豚・牛・山羊・鶏そして野菜および海草である。飲物としては，茶・米から作った蒸留酒である。人々は中間層からそれ以上に至るまで，普通２つの家を持っている。一つは台所や日常の住居の役割をし，もう一つは集会や訪問客のために使われる。食糧の備蓄を齧歯（げっし）動物から守るために，彼らは穀物倉として極く滑らかな4～6本の円柱の上に築いた建物［高倉］を持っている。家畜は牛，馬，豚，山羊である。

3. 野生の動物[2-1]

野生の動物はイノシシであり，それは山地に非常に多くいて，かなり頻繁に山から出て来て辺りの畑を荒らす。そのため多くの人々がイノシシを待ち伏せしたり，狩りに出たり，あるいはそれらの通った跡に非常に深い穴を掘って，それを木の枝葉で覆ったりしている。

ハブ（*Trigonocerus ryukyana*）［現在の学名は，*Trimeresurus flavoviridis*］は，刺し傷がしばしば危険である。ネズミが大好物なので，ネズミを探すために人家の中にまでやって来る。これは時には2 m以上もある。美しい金色の皮を持つこともある。天敵はマッタブであり，その体は三角形ではない頭を除けば全くハブに似ている。これらは毒を持っていない。それゆえ人々はそれらを絶滅させないように気を付けている。山地にはまた野ウサギ［アマミノクロウサギ］もいる。それは濃い灰色のごわごわした毛並みを持ち，ネズミと同じようにとても短い耳を持っている。それは老木の幹や根の中に住んでいる。

家禽としてはメンドリおよびアヒルがいる。野生の鳥はキジバトやミドリバト［ズアカアオバト］である。後者はその鳴き声が牛のそれに似ているためにウシバト（pigeons-bœufs）と呼ばれている［ズ

2-1 原文には改行がないが，訳文では小見出しとした。

アカアオバトの鳴き声は，牛には似ていないので，次のカラスバトとの混同があるか］。またカラスの大きさをしたクロバト［カラスバト］はハトの嘴を持つ以外はカラスと同じである。紫色のカケス［ルリカケス］・ヤマシギ［アマミヤマシギ］・ジシギ・バン。またコーロ（kôro）［リュウキュウアカショウビン］は大きな嘴を持つ赤い鳥で，カケスの大きさである。アカヒゲはその鳴き声のために人気のある小さな山鳥である。ムクドリ・ウズラ［ミフウズラ］・あらゆる種類のサギ・カラスやスズメがいる。冬にはウ・カモ・オシドリ・カリ・タゲリ，さらに多くの海鳥や浜辺の鳥の類がやって来る。

4. 漁業

海には魚が多い。2～3年の間は捕鯨で巧みなノルウェー人たちの乗った日本の捕鯨船が，島の南部にやって来た。特に最初の年には素晴らしい捕獲を行った。それからどういう理由でかは分からないが，彼らはそれを止めた。おそらく補給や販売の場所が遠過ぎたためであろう。

島民たちはクリブネ（刳舟）以外の船はほとんど持っていない。それは木の幹をくり抜いたもので，とても重く，沖へ出ることはできない。大島の周囲はすべて珊瑚で覆われているために普通の網は役に立たない。この島の人々は沖縄の人々のような，この一帯の海に適した特別な網を持っていない。いくつかの村は，まず櫂を用いる船を，ついで蒸気船や原動機つきの船を手に入れた。それは沖合でのカツオ（bonite）漁のためである。しかしほとんどは餌になる魚の不足のために借金を背負って，たいていは船を債権者に差し押さえられる羽目に陥った。従って漁労はほとんど収穫をもたらさず，多くの人にとってお遊びの行事でしかない。

5. 鉱物

鉱物学の観点からすれば大島は大変貧弱である。1895 年頃には大和浜の南 3 里のところにある島で最も高い山である湯湾岳（ゆわんだけ）［原文 Yowan-dake］の斜面でマンガンの鉱脈が採掘されていた。鉱石は人の背中や，空中に張ったワイヤーによって湯湾まで搬送されていた。しかし路が悪いために原価がひどく高くつき，事業は放棄された。

それから大和浜の東に，屋入（やにゅう） (Yaniyû)，次いで龍郷，住用（すみよう）と次々に微量の銅が発見された。探索は続けられ，鹿児島から来たその分野の専門家が開発を勧めた。まず屋入から始められた。その土地の所有者であるキリスト信者がそれを売り，それでこの人だけがしこたま儲けた。買い取った人は，十分な資金がなくて探索を続けることができず，破産するに至っただけだった。その後継者――それは堅実な基盤を持つ大きな会社だった――は大儲けが得られるまでの経費を負担することができた。しかし［あてにした］大儲けは決して実現しなかった。龍郷と住用の鉱山についても同様だった。また喜瀬（きせ）や赤木名（あかきな）の金鉱が話題になったが，開発はけっして始まらなかった。しばらくの間は黄金熱があったが，それは多くの財布を空にしただけだった。

6. 産物

島の主な生産物は，砂糖黍・さつまいも・小麦・米である。さつまいもは一年中植えられる。食事のためにそれが必要になると，島民たちはさつまいもを一つ掘り出し，次にその茎の一部を切り取ってそばに再び植える。殊に雨期にそれは大規模に行われる。

野生のバナナの木［糸芭蕉］はそれ自体で繁殖する。その果実は食用に適さない。人々は茎から夏用のとても軽い服を作るのに役立つ繊維を引き出す。食用の実のなるバナナの木は，ハルブ神父によって島に持ち込まれた。彼は沖縄旅行中に，その地の農業の教師から何本かの苗を受け取ったのだった。それは急速に広がり，商取引の対象となった。しかしある種の虫が茎の中に住みつき，ほとんど全体が侵されてしまった。1917年にフェリエ神父がフランスから帰る時に，サイゴンから苗を持ち帰って名瀬の宣教師のもとに送った。それらは現在に至るまで病気に罹っていない。

ソテツは大変普及している。30年以上前にドイツ人たちが毎年，神戸から大島にやって来て，輸出にあてる苗を買っていた。しかし多くは途中で乾燥するので，葉の取引に専念するためにそれを止めた。葉の貿易はヨーロッパの戦争［第一次世界大戦］まではきわめて盛んであった。よく乾燥させた葉はハンブルクに送られ，そこで浴槽に浸されて緑の色を取り戻させ，死者に捧げる花輪を作るのに役立っていた。ソテツの実は食べられる。それを水の中に放っておいて苦味を取り除くのである。飢饉の時には幹そのものが食べ物になる。皮を取り除いた後で薄切りにして，約2週間のあいだ，水，しばしば小川の中に漬け，それからそれを粉状にし，煮て食べるのである。しかしこの食物は大して好まれず，極貧の人々のみがこれを利用する。時には，漬け込みの2週間を待ちかね，早く食べ過ぎて中毒をおこす人々もいる。

何年もの間，住民は自生する百合の根を探していた。多くの肥料を与えたおかげで，球根は大変大きくなり，同じ茎に30まで花を付けることができた。ヨーロッパやアメリカへ向けての輸出が大きな収益となり，大々的に行われた。

果実がパイナップルの果実を想起させる肉太のタコノキ属の植物［アダン］の葉で，人々は“日本パナマ帽”と呼ばれる帽子を作る。繊維を引き抜き，それを真っ白にするために，非常に長い準備が必要である。大島では，準備が大変高くつくようになり，これは放棄され，もはや沖縄でしか作られなくなっている。

戦時中，染色の原料が不足したので，山の中のごくありふれた樹木の葉を使って，人々はしばらくの間，黒の染料となる産物を手に入れた。しかしそれもまた大変手間賃がかかり，葉の水分が蒸発するまで煮詰める大量の木が高くつくために，人々はそれをやめざるを得なかった。

30年ほど前から，大島は「大島紬」と呼ばれる織物のために日本中で有名である。評判の理由は真似のできない染料にある。山の中にある小灌木［シャリンバイ］の根を何時間も煮る。絹糸をこの液体の中に浸す。それから特定の水田の泥の中でこれを洗い，次に近くの川で洗う。そして乾くにまかせ，同じ作業を3回繰り返す。こうして人々は，他のいかなる原料も与えることのできない色彩を手に入れる。そこからこの布地の価値が生まれ，何千人もの娘達がその機織りに従事している。1920年頃には，名瀬でこの製品を流通させるには公的な検印が必要だった。毎日，幅1尺に長さ60尺の1000枚近くの布地が生産されるということだった。図柄によって価格は決められていた。この布地はとても軽く，同時にとても温かいという性質を持っている。1枚で40円から数百円まで値段は様々であった。従って，この仕事は多大の利益をもたらしていた。腕利きの娘は，一日につき10円近く稼ぐことができた［1919年の東京では白米10キロが3円86銭］。これは例外的な［高い］賃金であったと言わなければならない。学校を出たばかりの少女が，たちまち1円以上を稼ぐようになっていたのである。しかし1920年頃には著しい価格の下落が起こった。それでも今日でもまだ，機織（はたおり）は島の最大の収入源である。

農産物と紬の機織で，お金に不自由しないでいることもできるだろうに，住民は気前の良い生活をし始めた。たくさん稼いでも，またたくさん使うのである。その結果，砂糖黍が唯一の生活手段であったときとほぼ同じである。人々の貧困の理由の一つは，彼らが労働に対する熱意をあまり持たないことと，度重なる祭のための出費である。結婚と葬儀は多数の長々と続く祝宴の機会となっている。現金を得るために彼らは砂糖の収穫を商人たちの抵当に入れる。この商人たちは巧みに巨額の利息を要求し，自分たちに都合の良いように砂糖の値段を定める。人々は何も言わずに，食い物にされるがままになっている。しかし心からこの高利貸しを嫌っている。

7. 祭り・歌舞・行事

太陰暦の新年の最初の 3 日間，第 7 日，第 16 日，次いで［死後］第 12 年祭，13 年祭，25 年祭，37 年祭，49 年祭，61 年祭，73 年祭そして 85 年祭の機会には，数日間にわたって，すべての人々に食事が振る舞われる。また 3 月 3 日，5 月 5 日，7 月 7 日，同じ 7 月の 14，15，16 日の先祖の祭り，8 番目の月の踊りの 3 つの期間，［旧暦の 3 月 3 日に海水に浸って身を清める］ハマオレの祭りがある。ハマオレとは，「浜へ下ること」で，この日には人々は屋外で料理を作って，岸辺で饗宴しなければならない。もしそれが遠過ぎるなら，食糧を貯蔵している建物の下でこれを行うことになる。米や小麦をかじる虫やネズミやハブに対して，これらの生き物をなだめるための祭り［ムシケラシ］もある。これらの中で最も人気のあるのは，8 月の 3 つの踊りである。それはこのために選ばれた人々によって指定された吉日に行われる。それらの日には，いやその夜な夜なには（というのは踊りが始まるのは夜なのであるから）みんな活気に溢れ，踊りは村外れで始まり，あらゆる家に立ち寄り，全ての家を訪れ終わるまでは止むことはない。それぞれの家の中心には大きな火が燃やされ，踊りが行われるのはこの焚き火の周りである。2

～3 人の娘が歌いながら太鼓を叩き，女や男は別れて大きな輪を作り，腕や脚をある時には一方へある時は他方へと調子を取って動かす。無論その熱気はふんだんに飲まれた蒸留酒によって維持される。老人や老女たちは莫蓙の上に座って大いに飲み食いし，一方子供たちは御馳走の 2，3 切れをせしめようと努める。踊りが中断されることなくその翌々日の朝まで続かないことはまれである。嗄れ声になったとか，脚がもはや役に立たなくなってしまうとか，わざわざ言う必要はない。日本の歌とは対照的に，大島の歌は自然な声で歌われる。男性と女性の 2 つの合唱が規則正しく交代する。それ故人々はそれらを楽しんで聞いている。もしも歌の歌詞が分かっていたなら，そういう訳にはいかないのかもしれない。それはしばしばひどく猥雑である。

また，とても人気のある祭りは若者達の格闘技と闘牛である。それに参加するために，人々はしばしば非常に遠くまで行く。この格闘技は普通は海岸で行われる。若者達の格闘技のために直径 3 m ほどの円形の土俵が，転倒が激し過ぎないように，また危険でないように準備される。簡単な褌を身に着けたそれぞれの若者たちは相手をひっくり返すか，または円から外へ出させようと努める。その分野の専門家が，このスポーツの規則が守られるように注意深く見守っている。周りは皆参加者であり，彼らは自分たちが関心を持っている若者を煽り立てる。そこで示される情熱を見ること，それこそがしばしば最も興味深いものである。闘牛はまたとても人気があって，人々を熱中させる。人々は自分の牛（Bœuf）や友達の牛，あるいは彼らの村の牛が，相手の牛を追い払った時には喜びの叫び声を挙げる。

8. 宗教儀式

宗教的観点からは，大島の住人たちは私たちが大島に到来するまでは，いかなる宗教も持っていなかった，と言うことができる。名瀬には一つの，島で唯一の仏教寺院がある。しかし，その祭事を行っている僧侶には，信者としてナイチジン（内地人，日本からやって来た人々）しかいない。また Takehiko［日本武尊か，ただし明治２年創建の高千穂神社の祭神は瓊瓊杵尊（ににぎのみこと）である］を祀った神道の社が一つある。しかしそこでも島民は好奇心から儀式に立ち会うだけである。年ごとのそれぞれの祭りには，彼らの様々な奉仕が必要となる。しかし，彼らは章［成員の資格を示す記章］を付けるために自分たちの腕をただで貸すわけではない。大熊や浦上のようなある村にはノロたちがいる。それは女祭司のようなものであって，そのもとに女性たちが集まってくる。ノロは芭蕉の幹から取った繊維で作った白い着物を着ている。彼女たちは祈りを唱え，海に進水させる前の船を浄めに行く。ほとんどどの村にもたとえば恩人に奉献された一つの小さな社がある。たとえば大和浜においては，それは，その土地に砂糖黍を導入した人［直川智，すなお・かわち］に捧げられている［開饒（ひらとみ）神社］。他方，たとえば赤尾木においては，外からやって来てその地で死んだ，昔の原住者たち（indigènes）に献じられている［戸円（とえん）の平行盛神社を指すか］。人々は死者の霊を鎮めるためにとくに火酒を飲む饗宴からなっている年ごとの祭りを祝う。自分らの親族の死者たちを弔うために僧侶にお勤めを依頼する人は極めてまれである。

棺は，横幅よりはもっと高い箱で，その中に死者はしゃがんだ状態で入れられる。埋葬は普通夜に行われる。死者の家から墓地まで，所々に棒が立てられていて，その上には火の灯ったろうそくが固定されている。葬列の通り道にある一軒一軒の家の門口には，聖アンデレ型の十字架の形［Ｘ型］をした２本の竹が，死者の霊の立ち寄りを封じるために置かれている。墓穴の上には1本の棒が立てられており，そこに1本の緑の木の枝が吊り下げられていて，その枝は墓の中へと下りている。

墓地の入り口では棺を一方向に2回，逆方向に1回まわす。これは死者の霊が元の家に戻る道を知ることができないようにするためである。数年後の吉年に人々は遺骨を掘り出し，それらを洗い，壺の中に入れる。それは部分的にしか地に埋められず，海から引き揚げた一つの石で蓋をされる。死者のための祈りは全くない。埋葬の前には死者の世話はほとんどなされない。死者はどこであれ片隅に置かれる。親族や友人達が家族を訪問しにやって来て，飲み，食べ，騒ぎ立てたりする。[あまりにぎやかなので] 時には，これは結婚式ではないかと人々が思い込む程である。人々はまさにその家の前で棺を用意する指物師たちの姿を見て，初めて自分たちの誤りに気が付くのである。

1892年までは，笠利の村を除けば，キリスト教という名前そのものも大島全島で知られていなかった。笠利は [名瀬の] 北方8里のところに位置しており，東京でプロテスタントになった一人の警官が，その村の出身であった。彼は気前がよく，慈悲深く，自分の村の貧しい人々に施し物を送っていた。彼が国に戻ったとき，いくつかの家族が彼の勧めに素直に従って，改宗し，日曜日には休息して聖書を読んでいた。大島にカトリックの宣教師が到来して少し後に，彼は世界の終末が3年後に起こるだろうと予言し，同宗者達に財物を売り払い，その代金を貧しい者たちに分配するように勧めた。彼らはそれを実行した。彼の方は，不幸な人々にお金を分配しながら島を巡った。しかし，彼はカトリック教徒達のいる場所へは立ち寄らなかった。いくつかの村は贈り物を拒否した。その振る舞いを異常であると考え，もし彼らがその贈り物を受け取ったら，背負わされることになる何らかの誓約が隠されているのではないかと不審に思ったのである。彼の同宗者たちに到来したのは，世界の終わりではなく極貧であった。しかし,彼らはこの元警官を見捨てはしなかった。何人かは生活手段を求めて，名瀬に移り住んだ。他の人々は自分の土地に留まり，その村に福音が説教された時，ほとんど全員カトリックになった。

9. 名瀬

大島および大島郡の首都である名瀬は，大きな船にとってはかなり入港が困難な小さな湾の奥に位置している。干潮時には，砂に嵌る危険を冒すことなしに操縦することができない。島の主要な開口部である名瀬は，2 つの部分，金久と Hifu［伊府か。当時の名瀬は金久と伊津部の二つの大字に分かれており，後者の中に伊府，中伊府，上伊府などの字があった］に分かれている。前者は商業の町であり，特に鹿児島や大阪から来た内地の日本人が居住し，ほとんど皆が商業に従事している。そこでは全ての家屋は瓦で葺かれている。後者は先住者たちの町であり，そこの家屋は茅でおおわれている。それら 2 つの地区の間に伊津部があり，それは両方の特徴を持っていて，多数の小さな商店がある。

全ての住居から離れて，普段は水のない川の反対側に，島庁（島の政府）が堂々と置かれている。いくつかの学校が町と政府長官の公邸の間にある。仏教寺院は金久と伊津部の間の，岸辺の反対側にある。神道の神社（高千穂神社）が仏教寺院から程遠からぬ山の麓にある。これらの寺院と神社の間の田の一部を埋め立てた場所に，郡の病院が建てられている。1892 年には 2000 人に足りないほどの人口しか数えていなかったその町に，今日では，1 万人以上の人々が住んでいる。

10. 奄美宣教の開始

フェリエ（Ferrié）神父はわずか前に鹿児島に赴任していて，そこで島田［喜蔵］神父を補助手としていた。彼はさらに彼のかつての部署であった天草と，当時デルマス（Delmas）神父が居た皿山・川内［いずれも現薩摩川内市内］を受け持っていた。

1891年11月に，ウスイ・クマキチ［臼井熊八］という鹿児島で受洗していた一人の指物師が職業上の理由で大島に呼ばれた。彼はそこでカトリックの宗教について話した。そこの住人達は，それを知りたいという願望を表明した。フェリエ神父は，福音を説教するためにそこに行くよう勧められた。しかし，距離は遠いし連絡は非常に稀でかつ困難であったので，彼はこの最初の呼び掛けに応じることはできなかった。12月の初めに，彼はより執拗な第2の手紙を受け取った。一人の人物がわざわざ大島からやって来て，口頭で住人達の意向について極めて明確にその詳細を告げたので，神父は出向かざるを得ないと思った。12月31日に彼は名瀬に到着した。予期していなかった補佐たちが，彼の初めの仕事を手伝いにやって来た。それはまず一人のプロテスタントの小学校教員だった。彼は神父に約50世帯の名前の載った登録簿を手渡した。この善き牧者［フェリエ神父］は，彼を真実の教会に呼び入れることで報いた。

1892年1月3日，フェリエ神父は市長の訪問を受けた。市長は宣教師が島に居を定めるのを見て，非常に喜ばしいことだと表明し，彼の仕事が成功するように自分も喜んで努力すると言明した。彼は講演会のために住人全部を集めますと申し出た。しかし自分自身は，人々の心に影響を与えないために，大多数の人が踏み出した時でなければキリスト教を選ぶことはいたしますまい，と言った。その上彼は，宣教師に名瀬の小学校での英語の講座を担当して下さいと申し出た。神の摂理によってこの最初の滞在中に一人のプロテスタントの牧師が宣教の目的で名瀬に下船した。しかし，人々の気持ちがカトリシズムに好意的であるのを見て，沖縄に向かって旅を続けたのであった。

10日間の間フェリエ神父は宣教教育を行ったが，それには市のほとんど全ての住人たちや大熊，浦上など近隣の多くの村人たちが出席した。最も重要な諸々の点を説明し終えた時，彼はカトリックになりたいと願っている人々に自分の名前を書いて彼に渡してくれるよう頼んだ。2日後に約500世帯の名簿が届けられた。彼は直ちに長崎に行った。自分が為すべきことについてクーザン司教［1885年南日本教皇代理，1891年 長崎の司教］に相談するためであった。前進することが決定された。

原典の写真　名瀬の町の眺め
左の奥に新築の名瀬聖心教会の「レンガみどう」が見える。

原典の写真　名瀬の教会
1921 年 11 月 23 日に祝別式を迎えた名瀬聖心教会の「レンガみどう」
（本書 79-81 ページ参照）。入り口付近の拡大写真を口絵 4 に載せた。

第３章　大島の神父たち

1. フェリエ神父と忠犬ポリ

1892 年 3 月，フェリエ神父は一人［『奄美 100 年』によれば瀬川忠吉と志村和多利の二人］のカテキスタを伴って，大島に帰って来た。その時以来，彼らは昼も夜も洗礼志願者たちの教育に専念した。そして，続く聖母被昇天の大祝日（8 月 15 日）には，洗礼によって生まれ変わった 172 人の人を得た。洗礼志願者たちの数を明確にすることは難しかった。いくつもの村落を訪れて，彼は至る所で同じ熱意と同じ真理への渇望を見出していた。名瀬では，彼は 2 軒の家を借りた。一軒は伊津部に，もう一軒は［伊津部の中で海側の］伊府に。彼は伊津部の家に，カテキスタはもう一方の家に住んだ。

忠実な犬であるポリ［Poli，礼儀正しいの意］といつも一緒に，彼はしばしば浦上と大熊に行くために，有屋(ありや)［方言ではアッタ］から名瀬を隔てている山を踏破した。天草では，彼らは現地の警官と示し合わせてキジ狩りに挑んでいた。その警官はそのことを黙認し，自分がこれから行く村のことを神父に知らせさえした。お互いに出会わないようにするためである。

浦上に夕方やって来る時，彼はしばしば山で山鳩を，有屋の砂糖黍畑や浦上の藺草(いぐさ)の中でヤマシギやバンを撃ち落とし，その忠実なポリは嬉しそうにそれらをくわえてやって来たのだった。だからといって，そのことで彼が自分の行く村を迂回するということはなく，狩猟好きのために自分の義務を忘れてしまうということも決してなかった。彼の狩猟がもたらす手柄のために，彼らのつつましい食事の献立に幸いなわずかばかりの成果が添えられたのだった。使用人も主人も，11 時になってもお昼に何を食べるか分からないということが何度あったことか！

名瀬では，この頃には肉は滅多に手に入ることはなく，魚も少なく，時には卵さえもなかった。それで，一日の献立表を作るのは難問だった。裁判所の職員達も狩猟の愛好家であったが，彼らもまたイノシシ狩に神父をしばしば招待しにやって来た。しかし，彼らの休日は普通は日曜日だったので，彼はそれを受けることはできなかった。飛翔中のヤマシギを撃ち落とす彼の巧妙さによって，彼はニムロデ［創世記X 8-10：クシの子。狩りの名人］という名声を手に入れた。そして，ポリ自身も川に浸かることを恐れないでヤマシギやバンを見つけ，それらをくわえて来る巧妙さのために，島中で有名になった。宣教師たちの飼っている犬はすべてポリと呼ばれていた。

2. マルマン神父の到着

1892年の10月，マルマン（Marmand）神父が長年馴染んだキリスト教徒たちの間における［長崎伊王島での］聖務を離れて，大島に到着した。彼は名瀬から2里の大熊に，一人のカテキスタ［伝道士］と共に身を落ち着けた。このカテキスタは学識があるというより，寧ろ献身的な人であった。神父は彼をまもなく五島列島の元小学校長と交替させた。将来への希望は素晴らしいものだったし，公教要理受講者達の熱意は驚くべきものだった。隣村の浦上では，全ての住人たちがまさに洗礼を受けようとしていた。有屋でも人々は学び始めていて，そこから8～10里はなれたところから宣教師を呼んでいた。疲れを知らないフェリエ神父は名瀬と他の村々の間を巡回した。カテキスタたちは驚く程献身的であった。有志の者たちが，彼らが教えるのを手伝い，公教要理受講者たちが秘跡を受ける準備を彼らがするのを手伝った。これらの希望は部分的には実現した。最初の年の終わりには，大島では5つの村に分かたれた1100人以上のキリスト教徒を数えていた。

3. コシュリー神父の到着

1893 年の復活祭の後でコシュリー（Cocherie）神父が救援のために到着し，浦上と有屋と仲勝（なかがち）を担当した。

様々の困難が起こることになった。僧侶たちが最も非常識な中傷を浴びせたのである。すなわち，宣教師たちは病人から肝臓を切り取り，瀕死の人々の頭に釘を打ち込んでいる，といったものであった。大多数の人々はこれらの非常識な言動を軽蔑した。しかし，田舎の僻地では，それらの中傷は信じられて，今なおそれを信じる人々がいる。

名瀬では行政当局は好意的であった。警察，そしてとりわけ裁判所はフェリエ神父と極めて仲が良かった。役人たちは住民にキリスト教を学ぶよう勧めていた。しかし彼ら自身は，自分たちの仏教や無宗教にさえ満足しているらしかった。民衆だけが，彼らを文明化するために宗教が必要であった。人気があると見えるのはカトリック教だったので，民衆にはカトリック教を選ぶように，勧められた。大熊では，村の 2 人の主要人物が改宗をし，彼らの影響力を用いて新しい信徒たちを作ろうとした。2 人のうち一方の兄弟が反対を始めた。最初から公教要理の受講者たちの中に入り込んでいた浦上の呪術師が，キリスト教徒になったらもはや自分の仕事を続けていくことはできない，と見て取って，これまた反対の側に回った。

1893 年 9 月末のある日曜日の朝，この呪術師によって煽られ，何杯もの火酒を飲んだ何人もの輩が，投石によってコシュリー神父を追いかけた。彼はミサを挙げるために，浦上から有屋に向かっていたのである。警察が事情を知って 3 人の男を逮捕した。彼らは禁固刑に処せられた。そこで，僧侶たちによって浴びせられた数々の中傷や暴力的な手段の類は脇に置いて，呪術師たちは名瀬の外で村々に，反カトリックの党を形成するために働き，難なく不満分子や軽率な連中，冒険に飢えた若者たちを集めた。彼らは異教徒一人ひとりがそれに署名し，遵守することを約束し，背けば罰金の義務を負う規則を作り上げさせた。すなわち，いかなる異教徒も，自分の子供たちに，キリスト教徒の相手が棄教しない限りは，婚姻関係を結ぶことを許してはならぬ，というものであった。すでに契約された婚姻については，異教徒の当事者は，もしキリスト教徒が背教することを拒むのであれば，その配偶者から別れなければならない。いかなる異教徒もキリスト教徒の家に入ってはならない。あらゆる商売や仕事の関係は断ち切られるべきである。キリスト教徒になる者には 50 円の罰金が課せられる。こういうものであった。

マルマン神父の巧みさのお陰で，カテキスタと 2 人の有力なキリスト教徒に支援されて，大熊では一人として離脱者を出して後悔することはなかった。キリスト教徒たちはお互いを支えあい，この迫害の痛みに苦しむことはなかった。キリスト教徒たちは鉄砲の玉に喩えられた。それは異教徒たちを象徴する土製の大壺を打ち砕くのである。しかし浦上では，事は同じではなかった。そこでは地域のカテキスタの影響力は大したものではなかった。そこでは，かなりの数の離脱者があった。至る所で改宗の動きは鈍くなった。

4. ハルブ神父の到着

ハルブ（Halbout）神父が大島にやって来たのはこの時（1893 年 9 月）であった。フェリエ神父は彼を浦上に配置し，コシュリー神父については，知名瀬（ちなせ）に新しい職務（ポスト）を設けるために派遣しようと考えていた。しかし，コシュリー神父に対して最近起こった妨害に照らして，実際には逆の配置となった。［ハルブ神父が赴任した］

知名瀬には希望だけがあった。まずハルブ神父が連れて来た豊後のカテキスタの助けと，とりわけ修練期にあった一人の神学生の助けとがあって，12 月に 60 人の，1 月には数人の洗礼志願者に洗礼を授けた。

その年は，最初の年ほどではないが立派な収穫の束で終わった。すなわち 25 人のキリスト教徒の子供たちを含む 387 人の洗礼の収穫の束であった。優れた補助者が不足しているということが考慮され，この時期数人の若者たちが長崎のカテキスタの学校に，数人の娘たちが女子修道会に送られた。宣教師たちは本来の宣教を続けながら，新しいキリスト教徒たちの教育と秘跡の授与にこれまで以上に配慮をこめて打ち込んだ。従事者の不足，島の方言しか理解しない田舎の女性たちに分かってもらうことの困難さ，常に恐れなければならない妨害を予想して可能な限り多くの人々を集め急いだことなどのために，宗教教育はいささか不十分なものとなってしまった。キリスト教徒たちを集めてミサ聖祭に与らせるに十分な広い家を見つけることすら困難なことであった。以前にも触れたが，大島には，その頃まで厳密な意味での宗教は存在していなかった。もっとも，先祖に対する何らかの勤め，記念日における死者の祭事，縁起のよい日や悪い日に対する配慮，それに多数の迷信だけはあった。我々の島人たちをカトリシズムで守るべき義務に服従させること，日曜日の安息，ミサへの参与は，最初から易しいことではなかった。

1894 年 2 月こういう状況の中で，ハルブ神父はフェリエ神父と交替して，名瀬から北 5 里のところにある瀬木留部（せきるべ）［瀬留（せどめ）の旧名］に向けて一人のカテキスタと彼の幻灯機とともに出発した。この幻灯機は成功を博し，村の権威者たちは村人たちに教えてもらうよう誰かを送ってくれ，と要求した。しかし，コシュリー神父は大島にただ 3 人の宣教師を残して，香港に向けて出発したばかりだった[3-1]。クー

3-1 訳註。コシュリー神父の経歴は，本書 99 頁を参照。

ザン司教は新しい日本人司祭のうちの２人，タガワ［田川佐吉］神父とヤマグチ［山口欽爾］神父を大島に遣わした。２人は４月にそこに到着した。田川神父は浦上および有屋でコシュリー神父の後任となった。彼は特に新受洗者の教育を完成し，頻繁な秘跡の拝領によって，彼らに真実のキリスト教精神を与える使命を帯びていた。山口神父は瀬木留部に居住し，この村そして屋入，大勝（おおがち），龍郷の村々の福音宣教を始め，そこで多くの洗礼を行った。

5. 宣教師たちの施設

これまでは，ほとんど至る所で，宣教師たちの施設は最も簡素なものであった。ただ一つのアパルトマン［住まい］が，代わる代わる，作業部屋，食堂，共同寝室，そしてしばしば礼拝堂に使われた。借家は聖職者の生活の様々の要請に応えておらず，司祭に借家特有のあらゆる不便さを強いない住居を手に入れさせる必要があった。先鞭をつけたのはマルマン神父だった。1894 年 8 月 15 日に背後に住居（レジデンス）を持つ教会が大熊で厳かに祝別された。続いて 12 月には知名瀬において，２階付きの家が寄進された。階下の最も大きな部屋は暫定的に礼拝堂として，残りの部分は神父の住まいとして使われることになった。名瀬ではフェリエ神父が市のほぼ中央に稲田を買い，大きな家を建て始めた。長い間，仮の教会と住居として役立った。この時期に，彼は身体の障害にかかり，このためいかなる仕事もできなくなるのである。自分の体力を過信して，彼は真っ先に海から石を引き出したり，建築用の木材を運んだりしたのだった。大汗をかくと，凍るように冷たい水の中に身を浸しに行った。そこで彼は充足感を感じていた。しかしこの不用心は彼には高くつくことになった。財源を手に入れるために，彼はレンヌ市のオベルチュール（Oberthur）氏に連絡を取り，彼のもとに多くの鞘翅目（しょうしもく）の虫類（甲虫類）を発送していた。そして琉球の端の島々にまで，小さな昆虫の採集者を遣わした。オベルチュール氏は，彼のお陰でこれまで全く知られていなかった昆虫をコレクションに加え，豊かにすることができて喜んだ。そのため，彼はフェリエ神父に多額の報酬を送り，いくつもの珍しい昆虫に，我らの同業者［フェリエ神父のこと］の名前をつけた。

6. 2人の司祭の水難事故とリシャール神父の派遣

1895年にはとりわけ，瀬木留部方面やその周辺に相当数の収穫［回心者のこと］が見込まれていた。7月の初めに，2人の日本人司祭が年ごとの黙想期間のために長崎に行った。帰途，彼らの乗った小さな蒸気船は薩摩の南にある野間崎を曲がろうとしていた時，台風に遭った。それはやがて荒れ狂う海上で風に弄ばれた。濃い霧のせいで，近隣の海岸は見えなかった。進んでいると思っていたが船は後退しており，キジキ島［甑島(こしきじま)か］の岩礁に激突した。最初の衝撃でそれは砕けた。6人の乗組員とただ一人の乗客が死を逸れた。2人の司祭の遺体は決して発見されることはなかった。これは大島のキリスト教徒にとっては正真正銘の破局であった。2人の若い司祭たちはこの地方ですでに15カ月を過ごしていた。敬虔で，熱心で，人々に知れわたっており，高く評価されていた。彼らがかくもわずかな期間にすでに為し遂げていた優れた仕事は，将来に多くのものを約束していた。だが神は彼らを別様に采配なさった。そこでリシャール（Richard）神父が，名瀬，浦上，瀬木留部の3つの拠点の運営でフェリエ神父を手伝うために大島に派遣されて来た。哀れな［フェリエ］神父は，2人の日本人司祭が彼のもとに運んでいた金銭と，屋根瓦に交換される筈であった砂糖の積み荷を同時に失ったのであった。それにもかかわらず，彼はこの村［瀬木留部］と有屋の村との間の浦上に教会を建造し，彼がこの2つの村で賃借していた家を取り払った。その後9月に，彼は疲労困憊して香港に向けて出発した。1896年の2月に彼はそこから帰ってきたが，望ましい成果を得て，というわけではなかった。帰って来ると，彼は宣教師たちと共に働いている全てのカテキスタたち，およびカテキスタの助手たちに黙想会の説教をする計画を立てた。それは彼がそこから最も大きい幸福を期待していた黙想会であった。しかしその前に，キリスト信者たちに堅信の秘跡を受ける準備をさせる必要があった。

7. クーザン司教の来島と天然痘の流行

実際，1896年5月にクーザン（Cousin）司教が初めてこの島を来訪した。司教は為された仕事とさらに期待できる事柄とを目で見て確認することができた。司教の来訪は，これらの若きキリスト信者団に大きな幸福をもたらした。それはこの機会に彼らのうちの多くの者が受けた秘跡によってだけでなく，さらに来訪によって，司教が，信仰実践においてより親密でより進んだ古い時代のキリスト教信者たちに対するのと同じ関心を，貧しくかつ遠隔地にある彼らにも抱いていることを，示したからであった。

カテキスタたちの黙想会を妨げていたものが，司教の［大島各地への］訪問もまた突然に中断させたのだった。それは名瀬で勃発した天然痘の流行であった。村々の間の全ての連絡は何週間もの間遮断された。クーザン司教は，この生まれつつあるキリスト教集団を細部にわたって訪問し終えずに，帰還を余儀なくされた。

原因のない結果はない，と島民たちは言うのだった。悪疫の原因，それは悪魔だ，従ってそれを追い出すことが必要なのだと。そこで悪疫の発端となった家は焼き払われた（病人をそこに放置したとさえいう）。犬や鶏はその鳴き声が悪魔を引き留めるものとして死刑を宣告され［殺され］た。全ての仕事の全般的な禁止。毎日，ことに毎晩，タムタム［銅鑼を指す言葉］のすさまじい騒音があった。それは人々が力一杯叩く灯油缶の音であった。行進が組織された。それは村の最も遠い場所から出発して海岸に帰着した。騒音によって悪魔を海に押し出そうというのであった。警官たちは，皆島の人たちであったが，警察署長にこの示威行動を禁止することは危険な結末を招くことになるだろう，と断言したのであった。警察署長は鹿児島にそのことを知らせた。何人かの憲兵が最初の船で到着し，行列の現場に向かった。直ちにわれ先にの遁走となった。署長はこの件で彼のポストを失った。やがて全てが収まり，悪疫もまた収まった。知名瀬ではキリスト信者たちは異教徒たちを模倣してしまい，もはや教会に行かなくなった。全ての人々に見捨てられて，ハルブ神父は管理人として彼のカテキスタを後に残して，山道を通って，名瀬そして長崎に向かって出発した。一旦至る所で平静が回復すると，彼のキリスト信者たちは自分たちの振る舞いにすっかり恥入って，その逸脱を謝罪するために，名瀬のフェリエ神父のもとへ行った。

8. カトリック信仰への攻撃

10 月に一人の僧侶（bonze）が［中国］大陸からやって来て，島を隈なく歩き回り，講演を始めた。知名瀬では特に，誰も知らない仏教のことは放っておいて，カトリック信仰に対する本格的な攻撃に乗り出した。誰であれ彼に反論する者に対しては再反論すると自負していた。しかし彼は反論を待つことなく旅を続けた。それでもキリスト教徒たちと異教徒の間に，危うく分裂が生じかけた。異教徒たちは，もしキリスト教信者たちが自分の宗教を捨てないならば，彼らを村八分にする，と言うのだった。ある夜のこと，神父の家が投石によって襲われた。翌朝，ハルブ神父は，もし犯人たちが譴責されないならこの事件を警察の手に委ねますぞ，と村長に脅した。脅しは功を奏した。しかし訴追があるのではないかとの不安のために，皆長いこと悪感情を抱いていた。それを消し去ろうとして，以前から教会堂建設の案を抱いていた神父は，これを口実に建設に必要な木材を集めた。この企画は多くの村人の心を占めた。その年の終わりには，良い関係が回復した。

その頃，ハルブ神父は彼の直轄地域を出てクジ［木慈（きじ）］で試みをした。それは大島と加計呂麻島を分けている海峡の西の入り口の近くにある素晴らしい港である。そこの村長は福音宣教に好意的であると，彼は聞いていた。この村長の家で村の有力者たちに会い，多くの講演を行い，しばらくそこに居住することまでした。しかし，この村長はバッカスの弟子［大酒飲み］であり，長い間模範を示すことはしなかった。何人もの人々は，何よりも外国人の存在から引き出すことのできる経済的利益のことを考えているように見えた。このような人々の心の状態を見て，神父は身を引いた。

9. 何人かの神父たちの来島

マルマン神父は 10 月に大島を去り，香港に行っていた。リシャール神父は浦上と大熊の任地で指揮についていた。ブランギエ（Brenguier）神父が到着したのはその時である。瀬木留部に着くと，彼は半分がキリスト教徒である屋入，改宗した数家族が良い希望を与えてくれそうな龍郷，大勝を引き受けることになった。赤尾木に何度も赴き，数人が学びたいという願望を表明した。1896 年末には，大島の様々な拠点で合計 1603 人の信者を数えていた。

1897 年 3 月には 2 人の新しい日本人神父，ヒラムラ［平村貞一］神父[3-2]およびナカムラ［中村長八］神父が大島に到着した。前者は浦

3-2　訳註。『カトリック奄美 100 年』によれば，実際は片岡高俊神父が来島。

上とその周辺を担当した。後者は赤尾木に配置された。そこは大いに希望が持てる場所だった。さてそこで，手花部（てけぶ）から２里の所にある隣村［赤尾木か］が教育を懇望した。年末には，すでに存在していた信者群に73人の成人が加わった。これら新しい受洗者の中には，大熊にある唯一の寺院の所有者がいた。彼はクリスマスの日に娘と共に洗礼を受けた。その同じ日の夕方には，大変古くから崇拝されていた２つの偶像がリシャール神父の屋根裏部屋に置かれていた。数日後には，寺院それ自体も姿を消していた。その上，寺が取り除かれたことに対して，異教徒側からのいささかの抗議もなかった。

この時期，浦上の小学校では教師が一人必要だった。副知事と名瀬市長の不在中に，小学校での権限を委任された官吏が，試験に１番で通った志願者を，彼の母親と親族がカトリックであるという口実で退けさせた。後すぐにカトリック教徒は官職を望むことはできないという噂が広まった。事件は副知事のもとに持ち込まれ，彼は無条件にその熱心すぎる役人を罷免し，事件の結末を至る所に公表させた。かくしてこの事件は宗教の有利へと転じたのだった。

中村神父は赤尾木での１年目の終わりには，一軒の家を借りていて，42人の成人に洗礼を授けていた。屋入では宿舎はまだ一軒の借家であり，瀬木留部では，この宣教師はキリスト教徒である有力者たちの一人の２軒の家を使用していた。

10. 知名瀬の教会建立

知名瀬では，ハルブ神父は聖フランシスコ・ザビエル教会を完成した。1899年の４月21日，荘厳な献堂式が，大島在住の全ての司祭，島のキリスト教団の多数の代表者，そして村落および近隣の多数の異教徒の参列のもとに挙行された。祝祭は美しく，参列者が抱いた

平村神父の来島は1902年。

感銘は最高のものだった。

［胃を悪くした］リシャール神父は香港で養生するために大島を発つまでに，17人に洗礼を授けていた。そして，その年の終わり頃に戻ってきたが，賢明なことに，自分の胃をこれまでよりもっと大事にすると決意していた。その不在中はラウ（Raoult）神父が代理を務めた。

1898年秋に大島にやって来たグラシィ（Gracy）神父は，フェリエ神父を手助けするために，しばらくの間，名瀬に留まった。フェリエ神父の健康は非常に不完全な状態であったからである。その後，グラシィ神父は中村神父の手助けで赤尾木に行き，2つの村，手花部と平（たいら）の福音宣教に従事した。

1900年の1月にフェリエ神父は，健康を回復させる方策を母国に

原典の写真　1900年における大島の宣教師

2人のカテキスタ　片岡神父　グラシィ神父　中村神父　カテキスタ

ハルブ神父　フェリエ神父　リシャール神父

求めに行く必要があると判断した。グラシィ神父がその不在中に名瀬の世話をする役目を負った。リシャール神父は自分の割り当てとして，大熊，浦上，アリガ［有屋か］そして中勝を受け持った。瀬木留部には，カタオカ・コーシュン［片岡高俊］神父が居て，大陸に帰ったブランギエ神父の後任についていた。赤尾木と手花部には中村神父が居た。ハルブ神父は名瀬の南，知名瀬に居た。そこで彼はコシク［小宿］および根瀬部近隣の集落との関係を結ぼうと試みていた。彼はまた，大和浜にも行った。そこには地域の有力者の一人と結婚した大熊の女性キリスト信者が住んでいた。また反対側にある川内にも行き，そこで大変優遇された。

11. 喜界島への渡航と失敗

リシャール神父は，当座のところ自分の管轄地では新しい改宗者を生み出す希望はない，と見て，大島から７里のところにある喜界島に目を向けた。小さな丸木舟に乗り，大海を物ともせずに，その島に福音をもたらすために何度も渡航を試みた。しかし，彼は恩寵の時［の鐘］がまだ鳴っていないということを認めなくてはならなかった。この最初の試みに失敗して，まなざしを沖縄の大きな島に目を向けた。そこで，彼は自分が改宗させた一人の島民をたよりとして相当な成功が得られるのではないかと期待した。しかし，その点でもまた，彼の宣教は不毛の地の上に落ちたのだった。しかし彼の疲れを知らぬ情熱は，耕すための新しい土地を絶えず探す方へと彼を駆り立てた。彼の願望はついに聞き入れられた。神は大熊から２里の所にある小さな異教徒の村である嘉渡の戸を彼にお開きになった。何カ月もの間，彼は夜の一部を，洗礼志願者を教えるために捧げた。そして喜ばしいことには，年次報告で，成人受洗者135名という見事な花束を提出することができた。

他の任地では，1900 年という年は，いかなる特別な事実によっても注目されることはなかった。キリスト信者の数は少しずつ増えて行き，神父たちの大きな仕事は彼らの教育を向上させることだった。しかしながら，ある季節にはこの職務は絶対に不可能となった。砂糖の製造で多忙な時には，人々は自分たちの村を去り，砂糖黍畑に建てられた藁葺小屋の中に居住するのだった。他の時期には農作業に精出していて，日中に彼らを集めることは不可能である。子供たちだけは，放課後に教えることができた。

1901 年は，前年とよく似ていた。フェリエ神父はフランスから回復の希望がないまま帰って来ていた。彼にとって海辺の空気は有害であり，もし健康の完全な回復を願うなら，彼は常に生国に留まっているべきであっただろう。しかし，彼はかくも順調に始めた仕事を決定的に放棄することは望まなかった。彼は新たな勇気を持って戻って来た。しかし残念なことには，彼の体力はわずかな新しい仕事しか許してくれなかった。

12. 徳之島

名瀬の 40 里南に，徳之島という島がある。そこは 43 の村落に分かれて約 4 万人の人々が居住している。小さな蒸気船が，海の状態によって，月に 1，2 度この島と大島の間を運航している。1893 年に徳之島の住民の代表者 12 人が, 自分たちの所に来てほしい, とフェリエ神父に懇願しにやって来ていた。そして彼に，全ての住民がキリスト教を信奉する心づもりである，と断言した。フェリエ神父は当時，大島での福音宣教に取りかかったばかりだったので非常に忙しく，彼になされた招待に即座に応えることはできなかった。使者たちもそのことを理解して，帰って行った。この時以来，神父はこの島の住人たち, 村の村長たち, 有力者たちに何度も会う機会があった。そしてその度に，彼らはキリスト教信者になりたいという願望を表明した。1901 年の 12 月に彼は名瀬で，徳之島の最も有力な住民たちの署名入りの嘆願書を受け取った。書面には，次のように書かれていた。

> この島は文明の点でも教育の点でも，帝国の他の全ての地よりも遅れています。ここでは無知のせいで，民の間にあらゆる種類の犯罪が起こっています。道徳性を高めるために，一つの宗教が必要です。ところで真剣な調査をした後で，私達にはカトリック教こそが全ての宗教の中で最良のものと見えました。それ故，神父様に民を教育するためにこれ以上遅らせないで徳之島に来てほしい，と懇願しているのです。

そこでフェリエ神父は 1 月末に出発して，島の最も大きな村の 2 つ，とりわけ面縄（おもなわ）の村を訪問した。そこに彼は丸一週間滞在し，毎日，それどころか日に何度も福音を宣べ伝えた。至る所で彼は教育に対する同じ熱意，宗教に対する同じ感動に出会った。彼はすぐさまこの任務を独力で遂行するには一人では足りないことに気が付いた。その上，時期が好都合ではなかった。砂糖黍の収穫期であったし，米の植付けの時期が来ようとしていた。そこで彼は必要としている助手を探しに名瀬に戻った。そして 7 月に，ブイージュ（Bouige）神父とグラシィ神父とともに再び徳之島に到着した。フェリエ神父はグラシィ神父を住民 4000 人の町である亀津（かめつ）に配属した。自分はブイージュ神父を伴って，亀津から約 3 里の面縄に赴いた。到着の翌日彼らは公教要理の講座を設けた。当初から，児童たちは学校の終わった午後に，成人たちは夕方に極めて足繁く通って来た。午前中はもっと知的な男子たちを教えることに当てられた。フェリエ神父の考えでは，この人々は後に祈りや教義を教えるためのカテキスタとして役立つはずであった。そうこうするうちに，彼らは面縄の隣にある小さな集落に出張した。やがてブイージュ神父が古里および検福という2つの集落を自分で担当した。島のあらゆる地域から，人々が彼らを求めてやって来た。フェリエ神父は，徳之島には異教徒たちがこの宗教を学びたいと願わない地域は一つもないと断言しても間違いではないと思った。すなわち，面縄の254世帯のうち246世帯が，公教要理受講者として登録していたし，古里と検福では全ての異教徒たちが例外なくカトリック教を信奉したいと思っていた。亀津ではグラシィ神父の講義には熱心な聴講者として，村長，村議会議員たち，すべての勤め人，そして最も有力な人々がいた。

しかしながら時間は切迫していた。というのは，徳之島の住民たちの気持ちは，この時が最高だったからである。島の小学校の校長たちは7月に伊仙に集まり，宗教の問題を共に検討していた。全員一致で，彼らは一つの宗教が必要であり，カトリック教は全ての宗教のうちで第一のものである，と認めていた。残念ながら，徳之島の宣教者が送った援軍の要請に対して長崎の司教は，極めて遺憾なこととしながらも，次のような返答をせざるをえなかった。「親愛なる神父，私はあなたの最初の派遣で，あなたに同行した2人の司祭以外に誰もあなたにお与えすることはできません」

第4章　大島での対立と大きな収穫

1. 徳之島を去って大島へ

健康状態が悪いため，フェリエ神父は徳之島を去って名瀬に行くことを余儀なくされた。そこで彼は必要な手当てを受けることができた。だが，彼はしばしば激しい苦痛に襲われ，床に就いていなくてはならなかった。

彼の出発の後で，状況は完全に一変した。まるで人々は，彼のことしか頼みにしていなかったかのようだった。彼らは少しずつ身を引いて行き，しばらく経つとほんの数人の洗礼志願者しか残らなかった。この振る舞いの原因は何だったのだろう？　ある人々はこう主張する。もし困難を解決することの上手なフェリエ神父が留まっていたら，彼は切り抜けたことだろう，と。他の人々は，島の人々にとって十戒を遵守することは極めて難しいのだと考える。徳之島についてはごく悪い評判がある。旧制度の下でこの島は薩摩のための流刑地であった。それは今日名瀬牢獄の大きな供給源となっている［訳註。これは当時の風評であろう。現在の徳之島の3町は鹿児島県下でも犯罪率が低い］。この落胆にもかかわらず，2人の神父は失望することはなかった。何人かには洗礼を授けることができた。しかし彼らは1年後には大島に戻ることを決めた。それでもブイージュ神父は，時々は徳之島を訪れるつもりだった。

嘉渡に定着したリシャール神父は，そこですでに述べたようにキリスト信者の優れた中核を作り上げていたが，距離や道路の険しさのせいで，もはや大熊や浦上の彼の受け持っていた任地に就くことはできなかった。そこで1902年4月1日の名瀬における宣教師たちの集会において，以下のような多くの変更が決定された。フェリエ神父は名瀬に留まり，ハルブ神父には赤尾木と屋入，リシャール神父には瀬木留部と嘉渡，中村神父には手花部と赤木名，片岡神父には知名瀬，そして平村神父には大熊および浦上が委ねられた。

赤尾木ではハルブ神父は2軒の借家を見つけた。一軒は村の中央にあり，もう一軒はそこから少し離れた根原（ねばる）にあった。日曜日のミサは，一方または他方と交代であげられたが，2軒とも手狭で非常に不便であった。近くの家を貸してくれる家主がいなかったので，彼はほぼ中央にある一つの地所を購入し，そこに建物を建てることに決めた。作業は極めて迅速に進んだので，1902年のクリスマスには，そこに居を定めることができた。しかし祝別式は復活祭の日（1903年4月12日）にようやく行われた。同時に屋入の任務もあったので，ハルブ神父はそれぞれの場所で2週間ごとにミサを挙げた。

2. クーザン司教の来島

1903年5月にはクーザン司教が大島に来島し，堅信の秘跡が執り行われた。司教御自身が次のように，この宣教の旅のことを語った。

> 7年前から，私には離れたところにあるこの大島にやって来る機会がありませんでした。そこでは私の訪問は首を長くして待たれていました。私のそこへの最初の旅行は，到着のすぐ後に名瀬で起こった天然痘の流行によって妨げられました。この度はいかなる不慮の事件も私の計画を邪魔することはありませんでした。それで私は彼らのところで，すべての宣教師たちにも現地人司祭たちにも会うことができました。
>
> 私はまずリシャール神父に会いました。彼はその新しく設立した嘉渡の若きキリスト教共同体のことをとても嬉しそうに私に紹介してくれました。そこでの何もかもは，私たちの親愛なる同僚の個人的な業績です。すなわち，キリスト者たち，彼らを改宗させ，教育し，洗礼を授けたのは彼なのです。神父の住居と仮の礼拝堂，自分の財

布から少しは引き出し，神の財布から多くを汲み出して，村の中央に自分で手に入れた地所にそれらを建造したのは彼なのです。彼の信仰は報いられました。彼は成功し，私はそのことで彼を祝福します。その執務の最初の数カ月間は建造物を仕上げることに用いられました。その祝別式はクリスマスの日に行われました。リシャール神父の第二の古い任地である瀬木留部には，私たちは広大で良い位置にある一つの地所を持っています。しかしその家は住居としても祈祷所としても同時に使われるのですが，粗末な状態になっているのです。

次の行程で，私はハルブ神父に会いました。彼は赤尾木の教会に新たに指定された司祭で，そこでの設備のしつらえは全面的に彼の並々ならぬ手腕と献身によるものです。

笠利の大きな湾のその奥に赤尾木は位置しており，手花部の村もあります。そこには中村長八神父が，一軒の清潔な完全に日本式の家屋，小礼拝堂であると同時に仕事部屋でもあり，寝室でもあり，客間でもあり，要するにこれらの全てである家に住んでいます。これでは余り具合の良いものではないので，我が同僚たちは，少しずつこの仮の状態を止めさせるように工夫しています。

前もって定められていた私の旅程に従って，私は手花部から 7 里離れた知名瀬の片岡神父のもとへ行くことになりました。しかし順風を背に受けて，この距離は迅速に越えられました。喜ばしいことに私はそこで最近ハルブ神父によって建造された奇麗な小さな教会と，よく整備された一つの住居を見出しました。

再び小舟に乗って，私たちは浦上と名瀬に行きました。そこで私の視察旅行は終わりました。小舟に乗ってなされた一つひとつの巡回は，たいてい数時間続くものでした。そのため，私は新しい地点で下船した時に，立ち去ったばかりの所から随分な距離の所に来たという印象を受けました。ところが，実はしばしば 2 つの間は，直線距離で辛うじて 1 里しかないこともありました。それは一つの山で隔てられていたたけでした。私たちの村々は，見渡す限り延び広がっている湾の奥に隠されていました。

私は400人近くの新改宗者に堅信の秘跡を授けました。

尊い司教が語っていないこと，それはこの旅の初めに司教が身を晒した危険のことだった。

ハルブ神父および彼の使用人と共に司教を運んでいた小さな小舟は,櫂の代わりに小さな水掻板の助けを借りて6人の舟人たちによって操縦されていた。舟は重量超過をしており，水面から20cmも上に出ていなかった。名瀬からの出発は難なく行われ，湾の中では海は穏やかだった。しかし舟が外海に出て途中まで進んだ時，風が起こり，波が突然舟を覆い，舟は波の谷間に沈み込み，次いでゆっくりと骨まで濡れた乗船員たちとともに水面に再び上がって来た。続行は不可能。もし，航海を続けていれば舟は間違いなく沈没したことだろう。近くの海岸は近寄ることのできない山だったが，少し離れた所に小さな湾があって，幸運にもそこに上陸することができた。最も近い村である大熊まで，雨のためにぐしゃぐしゃになった道を辿って徒歩で行かなければならなかった。

3. 笠利における宣教

1903年9月，徳之島からやって来たブイージュ神父は芦花部(あしけぶ)に落ち着いた。そこで数十人に洗礼を授けた。

同じ1903年の終わり頃中村神父は手花部，平(たいら)，赤木名の部署を担当していたが，大笠利(おおがさり)村の住民たちによって呼ばれた。そこでは先に述べたように一人のプロテスタントの警察官の働きで改宗者たちが生まれていた。世界の終末についての彼の預言が実現しなかったこと，それに彼らの財産が貧しい人々に分け与えられたためになくなってしまったことから，彼らは不信の念を抱いていた。そのことは彼らを永久に福音から遠ざけるに違いないと思われた。しかしその不信は彼らがキリスト教徒に対して抱いた尊敬の念を消滅させてはいなかった。これは彼らの救いであり，ベツレヘムへと導く星であった。3 年前から，彼らは赤木名の新しい改宗者たちのところで教えられていることと実践されていることを注意深く観察していた。そして 12 月，彼らはカトリック司祭に会いに来て依頼したのである。彼らのところに来て教え，洗礼を授けてほしい，と。中村神父は彼らの招きに従い，彼らに数日間教育を与え，聴講生たちの意向の素直さが分かった後で，フェリエ神父に加勢を依頼するための手紙を書いた。彼はその後その仕事に従事できなかったからである。フェリエ神父は，健康状態が悪かったにもかかわらず，名瀬，知名瀬，大熊および浦上における自分の部署に加えて，暫定的にそこの担当をすることをためらわず，良い収穫を約束している新しい畑で働くために，笠利に片岡，ヒサムラ［平村］神父を派遣した。1904 年の 1 月以来，2 人の神父は勇敢にこの仕事に取りかかった。彼らにはカテキスタはいなかったので，自分たちで何もかもしなければならなかった。結局，6 カ月の教育の後で，5 月から 6 月の間に 433 人に洗礼を授けることで慰められた。この数字に加えて他の部署も 100 人程の受洗者を出していた。

4. 日露戦争

フェリエ神父はフランスからいくらかの献金を持ち帰り，自分の住居に隣接する水田の一部を買い取って，それを埋め立てた。次いでそこに数百本の樅の木の杭を打ち込んだ。将来の教会の基礎が掘り下げられる筈であった。彼は我が九州における数々の美しい建物を手がけた一人の指物大工職人の巧みな指揮の下で工事を始めた。それはレンガ造りの教会であり，島の主要な記念建造物になる筈であり，私たちの聖なる宗教について高い評価を与えることになるはずのものだった。フェリエ神父を非常に高く評価していたパリ神学校の校長であるデルペシュ（Delpech）神父の熱い推薦を受けたフェリエ神父にとって，その寛大さで極めて著名なガルガン（Gargan）男爵夫人が輝かしい寄進者となった。夫人は彼の教会の建設費用を自分で引き受けることを約束した。神父は大喜びで仕事に着手した。しかし数カ月後，ガルガン男爵夫人は死去した。ほとんど急死だった。その死後この高貴な家族は続いていくつかの死に見舞われ，フェリエ神父は資金がない状態になった。彼はその工事を壁，屋根を完成させ，塔を教会の棟の高さまで高くした所で中断しなければならなかった。

同じ時期に日露戦争が始まった。名瀬では僧侶が，その戦争が工事中断の原因であり，神父はロシアの将校であって，全ての宣教師，とりわけフェリエ神父はスパイである，という噂を公然と広めた。僧侶はカトリック信仰とその宣教者達に対して住民を駆り立てるために可能な限りあらゆることをした。フェリエ神父は帝国検事に苦情を訴えたが，辛うじて儀礼的に受け入れられたに過ぎなかった。検事は私たちに好意的であるどころではなかった。そこで神父は内務大臣宛てに，全ての宣教師たちおよび現地司祭によって強く勧められ，署名された一通の手紙を書いた。その手紙に返事は来なかった。しかし，しばらくして僧侶は沈黙するようにという警告を受け，その後彼は異動させられたということが分かった。それにもかかわらず僧侶の中傷は島中に広がっており，福音宣教の仕事は全く止まってしまった。赤尾木では，この島を喜界島と連結している海底ケーブルを保護するという口実の下に，実際は神父を見張る任務を持つ一人の警察官が配置された。

フェリエ神父は彼の全ての部署に専念することがもはやできなかったので，クーザン司教に，自分のもとに援助者を送って下さるよう懇願した。1904 年 4 月 3 日，復活祭の日に，若きフレスノン（Fressenon）神父とボネ（Bonnet）神父が到着した。フレスノン神父は知名瀬に，ボネ神父は浦上および大熊に配置された。

嘉渡から芦花部への道はかなり骨が折れ，上り坂は長かった。リシャール神父は普通そこに馬に乗って通っていた。ある日この坂道を上っている時に彼は落馬した。幸い重大なことにはならなかったけれども，とても理解できないことだった。というのもその場所では，馬は並足でしか進むことができなかったからである。この最初の事故の謎は，1905 年 8 月 16 日，彼がハルブ神父を訪問した後で——そこにはブイージュ神父も居た——明らかになった。リシャール神父はヴェランダの上に立っていたのだが，突然大きな塊のように転倒し，癲癇（てんかん）のあらゆる兆候を示した。彼は 2 時間以上意識を取り戻さないままであり，徒歩で自分の家に戻ることはできなかった。嘉渡から来た船が彼を送って行った。調査したところ，すでに同様の事故が家で彼の身に起こったことがあったけれども，周囲の人々はそれについて何も言わず，また彼自身もそれを意に介していなかった。知らせを受けたクーザン司教は彼のフランスへの即刻の出発を決定した。この決定を受けたことは，彼には，魂における死であった。しかし彼は謙虚にそれに従った。その年の黙想の後で，大島に最後にやって来た時に，彼は，全ての持ち場に対して，彼にとっても彼のキリスト教徒たちにとっても大変辛い別れを告げた。

浜端神父は 1905 年 9 月に大島に派遣され，知名瀬に配置された。フレスノン神父がそこを去って浦上に移っていたからである。ボネ神父は再び九州に上っていき，ジョリ（Joly）神父の相棒として宮崎に送られた。全ての同僚たちから離れているため，彼は困難な状況にあったのである。

1906 年 9 月に，萩原神父が大島に着き，大熊での数週間の後，笠利に着任した。

この時期，フェリエ神父はかつての彼とは大いに変わっていた。かつては精力と熱意と力に溢れ，冒険を前にして決して退却することはなかった。英語を読めず，分かりもしない彼が，あるアメリカ人に通訳をした姿を，人々は目にしなかっただろうか？　それは1895年頃のことだった。4人のアメリカ人が横浜でレジャー用のヨットを1隻借りて，ある晴れた日のこと名瀬に来て接岸した。まるで野蛮な国にいるように思い，狩猟の許可を取ることなど考えもせず――それに許可は開かれた港の付近についてしか手に入れることはできなかった――彼らは銃で武装して獲物を虐殺しようと下船した。警察は神経を擦り減らしていた。誰一人として英語を知らなかったからである。人々はフェリエ神父を探しに来た。そして4人の狩猟者達に日本の法律を知らせてくれるように彼に頼んだ。たまたま幸いなことに彼らの一人はフランス語が通じることが分かったので，全ては解決した。小学校の校長は生徒たちのために，来合わせた外国人［アメリカ人たち］を活用しようと，今度もフェリエ神父を通じて，彼らに講演をしてくれるよう頼んだ。［4人のうちの］医学博士であった一人が承諾し，フェリエ神父は通訳者の役目を引き受けた。［分かりもしない］英語から日本語に翻訳することを断わらなかったのである。翻訳が一字一句忠実であったとか，それどころか，英語と日本語の2つのスピーチの総体的な意味が全く同じであったと言えば，それは恐らく誇張になろう。［アメリカ人の講演とはまったく別の話をした］フェリエ神父はこの機会に宗教について多くの聴衆に語ることができて嬉しく思った。この聴衆の中には，行政機関のすべての従業員たちや多くの名瀬の住人がいた。誰一人として彼が参列者を少しばかり騙したと気付く者はいなかった。彼は自分が述べた素晴らしい事々について熱っぽく感謝されさえした。

1906 年 9 月，全く手足が利かなくなったフェリエ神父は新しい休暇を願い出た。生国にもっと長く滞在することによって，もう一度健康を取り戻そうと試みるためであった。彼と交代するために，フレスノン神父が名瀬に，平村神父が大熊と浦上に来た。ボネ神父はリシャール神父と交替するためにやって来た。片岡神父はもはや笠利には必要なかったので，九州に戻った。

5. 対立と大収穫

1907 年 11 月，赤尾木で村の小さな神社の修理の機会に，キリスト教徒たちと異教徒たちの間で分裂が起こりそうになった。稲の播種期に行われた踊りの間に集められたお金が，当の神社の修理のために使われることが決まっていた。ナバル［根原か］の集落のキリスト教徒たちは，それを拒絶した。村の異教徒たちはこの決定を受け入れず，キリスト教徒たちを村八分にして，もはや彼らといかなる関係も持たず，とりわけ家の建築や屋根の修理などのような，共同作業によって成り立っている労働において，今後は彼らを手助けしないということを決定した。幸いなことに村長がそのことを知り，赤尾木に行った。彼は帝国憲法［第 28 条］は宗教の自由を与えているので，全ての人々は自分が望む宗教を実行する自由があるし，礼拝にかかわる建造物の建設に協力するかしないかも自由である，ということを思い出させた。全ては上首尾に解決した。

またこの頃，ハルブ神父は瀬木留部の住居および聖堂の設計をし，工事を指揮する任務を負った。そのため彼は 1908 年 12 月にその建築が終了するまで，毎週月曜日にそこに行かなければならなかった。

1907 年に，知名瀬にいた浜端神父は，大和浜に行った。そこには，先に見たように異教徒の勢力者と結婚した大熊の女性キリスト教信者が住んでいた。ハルブ神父は彼とかつてかかわりがあった。この人は，郵便局長もそうだが，これまたとても好意的であり，そのお蔭で神父の仕事は容易になり，1908 年には幸いなことにかなり多くの数の洗礼志願者に洗礼を授けた。彼はそこから 8 里のところにある焼内湾の奥の湯湾(ゆわん)村にまで行った。そこには数人のキリスト教徒が一時的に住んでいた。しかし，彼もまた健康面ではかなり虚弱であったために，続けることができず，長崎に戻らなければならなかった。そこで名瀬に加えてそれらの部署を引き受けたのはフレスノン神父であった。

嘉渡に住んでいたボネ神父は芦花部の彼のもう一つの任地へ行くために，大きな秋名(あぎな)村を通って行かなければならなかった。彼は人々と知り合いになるための，またそこに私たちの聖なる宗教を導入するための方法をあれこれと探していた。村の住人たちは，快楽に貪欲であるとはいえ，その性質の穏やかさやその礼儀作法の丁重さにおいてぬきんでているように彼には見えた。神の摂理は，彼が最も期待していなかった時に，交際を結ぶ機会を按配してくれた。

それは 1908 年 2 月太陰暦の年の最初の祭りの時期であった。明くる日曜日のミサのために芦花部に行く必要があって準備をしていたとき，一人の若者が来て，ある人のところに至急行くように彼に依頼した。この人はある集落の出身であり彼の親戚はみんなキリスト教徒であった。彼一人だけが改宗することを拒んだのだった。しかし試練に打たれることになり，不幸の中で彼の目は光へと，彼の心は神の愛へと開かれた。

到着すると，人々は神父を小さな離れた部屋へと招じ入れた。そこで神父は彼の妻に会った。彼女は顔面の痙攣，体の捻転，両腕の乱雑な仕草，身体中の震え，その上人間の声よりは動物の唸り声に似た身の毛もよだつ叫び声に襲われていた。人々は，その女は悪魔に取り憑かれていると断言して，洗礼を授けてくれるように彼を急き立てた。熱心な仏教徒である年老いた母親は，泣きながら彼に叫ぶのだった。「神父さま，彼女を助けてください！」と。夫はそれが確かに悪魔だということを証明するために，次のようないつしかの出来事を彼に物語った。「この病人の曽祖父が，財産を横取りするために甥の一人に毒を盛りました。その時から天罰が家族の上に降りかかり止まらないのです。たとえばこの哀れな妻はそのせいで男の子を持つことができません。たとえ男の子が生まれたとしても，いずれある日，悪魔がその子を死なせてしまうのです！　このために親戚の家族の男の子たちはみんな女の子の名前を付けられていて，それはまさに悪魔を騙すためなのです」。

まだ若い宣教師であるボネ神父は，このような光景に出会ったことはなかったし，どうしてよいのか途方に暮れた。そこで彼はその哀れな女性に宗教のことを話し始めた。語れば語るほど，女が益々平静になっていくことに彼は気付いた。そこにいた人々もまたそのことを認め，絶えず彼に言うのだった。「ごらんなさい，神父さま，たしかにこれは悪魔でした！　神父さまが側に来られてからは，彼女はもう震えず，分別を取りもどしかけています」などなど。洗礼を授けることを神父に決意させるために，彼は彼女のお守りとお札を取りに行き，彼女の改宗の誠実さと家族全員の改宗の誠実さの証拠として，神父のところに持って来た。

年取った母親は，自分が特に崇拝していた恐ろしい顔付きの仏像のことをいくらか心残りに思った。しかし母親としての愛の方が強かった。そこでこの人々の誠意に心を動かされ，気の毒な女性の状態の中に現れている回復の兆しに勇気付けられた神父は，彼女に洗礼を授けた。その時以来，彼女は完全に癒された。

神父は，みんなの祝福に見送られ，悪魔が戻ってくるのではないかと恐れてその男があと一晩も保管することを望まなかった迷信のお札の何枚かを預かって，再び出発した。

しかしながらこの同じ家族の中で，母親と娘が，ついで父親が狂気に侵された。とりわけ父親は非常に激しい発作を示したので，人々は彼を檻の中に閉じ込めることを余儀なくされた。2人の女性は洗礼によって生まれ変わった時に解放された。6カ月後父親自身も平静さを取り戻した。彼はボネ神父を訪れ，教えを受け，1909年の復活祭に洗礼を授けてもらった。

彼の完全な回復は地元の人々を大いに驚かせた。春になったらその哀れな男は再び狂気に陥る，と彼らは固く信じていた。春は過ぎたが，病気は戻らなかった。この4人の実に奇妙な回復は住民に強い印象を与え，神父は数百人の改宗を期待した。実際，素晴らしい見込みであったし，収穫は見事で豊かだと予想された。

この時期以来，ボネ神父は洗礼志願者たちの教育のために非常に多忙になった。1910年8月15日の報告書で，彼はこの地域について171人の洗礼を報告した。

集会の場所を探すのに非常に困って，彼は古い家を何軒か手に入れた。その2軒を結合して教会を作った。こういう建築物の様式は建築家にとってさえもかなり難しいことではないだろうか。もっとも祭壇の上には天井があったが，それ以外の部分には丸天井のような屋根しかなかったし，壁は古い板でできていて，冷気が通り抜けるままになっており，窒息する心配は全くなかった。神父の住居は離れた所にあったが，同じ様式であって，毎晩ネズミたちが頻繁に彼を訪問した。そんなことは，彼にとってはあまり重要なことではなかった。目下のところ，聖務の間，彼のキリスト信者たちを雨風から保護するための場所が持てさえすればそれで十分だった。そして慈善家たちが彼に手段を提供してくれるであろうその時まで，新しい建物を建築することを延期していた。

第５章　大島の人びととの別れ

1. 松岡新一郎——大島からフランスへ

嘉渡で村の最も重要な家族の一つはマツオカ・トミリョウ［松岡富良］氏の家族である。その子供たちの中に新一郎という名の子供がいる。この若者は初等教育を終えた後，生まれ故郷ではもはやこれ以上何も学ぶことはできないと判断した。そして多くの大島生まれの人々と同じように首都へ向けて出発し，そこで勉強を続けるために数年を過ごした。しかし，彼は中等学校（旧制中学）の課程を終えることができず，父の家に戻らざるを得なかった。

農業は全然好きになれず，名瀬の一人のキリスト教徒がフランスワインの店を開くのを見て，沖縄に行って同じ商売をやってみようという考えに捉えられた。人々に知られるように，商品に小さなおまけを付け加えなければならなかった。それはしばらくの間はうまく行った。しかし客と資金が減っていき，その仕事を止めることを余儀なくされた。

故郷には満足させるものがないので，彼は前に書いたようにフランスに帰国していた，かつての霊的父親であるリシャール神父に会いに行こうと思いついた。彼は日本の船に乗り，マルセイユに着いた。そこから日本領事のお蔭で鉄道に乗り，前もって予告することなしにルエルグ（Rouergue）地方にある聖ガブリエル学院（Collège Saint-Gabriel）を訪れた。そこでかつてリシャール神父は学んだのだった。

理解し合うのは大変困難だった。学院の教授達が日本語を知らなかったのと同様に，その到着者はフランス語を知らなかったからである。幸いなことにフェリエ神父がその地方に住んでいて，仲介者の役割をしてくれた。彼は新一郎の学費を払ってくれる一人の篤志家さえ探してくれた。しかし新一郎はこの提案を受け入れなかった。彼は日本でそうするように，自分の生活費を自分で稼ぎ，急いでフランス語を学ぼうと望んでいた。全ては上首尾に終わり，我らの若者はしばらくの間この学院に留まった。フランス語のほぼ十分な知識を習得するや否や，ルエルグ地方はもはや彼にとって十分ではなかった。彼には首都が必要だった。そこで彼はパリに行った。長い間バック通りに住んだ。そこは外国宣教会の神学校から遠くない所にあって，その神学校に，彼は時折コンパニョン（Compagnon）神父を訪れた。神父は彼の問題に対していろいろ良い情報を与えた。

数年後に彼は東京に帰り，ジャーナリストとしてのペンを執った。それから彼は大阪にやって来る。彼は西園寺［公望］侯爵の弟［住友友純（ともいと）］が頭取をしている大きな銀行［住友銀行］に採用されたのである。ヴェルサイユ平和条約のために日本人の使節団を送らねばならなくなった時，彼の銀行は，［そのフランス語能力を見込んで］代表者として彼を指名した 。一方，使節団長であった西園寺侯爵は，彼を［単なる銀行代表者でなく，もっと重責である］使節団の通訳として要求した[5-1]。このように身分の高い庇護者によって世に出され，教育は不完全だったにもかかわらず，彼は首尾よく外務省に雇われた大物となった。彼は，そのフランス語の知識のお蔭で，ある外交上の重要ポストの［候補として］話題に上りさえしたのだった。

2. 1911 年 6 月の震災

さて，かなりの余談となったが，話を大島に戻そう。1910 年 10 月，大島で惜しむべきリシャール神父のフランスにおける死去のことが

5-1　この会議には，3 人の日本人カトリック信者がいた。カトリック青年会の会長であり，この頃は皇太子だった（今日では親王摂政）［裕仁］殿下の教師であり，ヨーロッパのいくつかの首都で皇太子に同伴した山本［信次郎］艦長（今日では海軍大将［実際は少将］），かつてのパリの日本大使［本野一郎］の息子である本野［盛一］氏，そして松岡新一郎である。

知らされた。

嘉渡ではボネ神父はまだ十分に職務を持っていないと思い，新たな任務が現れるならばいつでもそれに就こうと，心の準備ができていた。嘉渡から１時間半のところに安木屋場（あんきゃば）という小さな集落がある。それは，龍郷の村に属している。そこの人々の好意のお蔭で，彼は安木屋場に居を定めることができ，幸いなことに 1911 年の報告で，この地区において 145 人の洗礼を登録した。

この同じ 1911 年の６月 16 日夜 11 時半に，これまで人々が感じたことがない程の地震が起こった。その前日は暑く，東の海岸では波が巨大であった。それは人々には理解できないことであった。というのは，風がなかったからである。11 時半に内部にこもった鈍い轟きがあり，その後に極めて激しい震動が続き，それはとても長く感じられた。人々は自分たちが上り降りする波の頂上にいるかと感じた。多くの地割れが現れた。ここでは隆起があり，かしこでは陥没があった。ここではある井戸が砂で一杯になり，かしこではさつまいも畑が粉塵で完全に覆われていた。この最初の震動に加えて，多くの別の震動が何日間も続いた。まだ完成していなかった名瀬の教会の壁には割れ目ができ，［聖職者と聖歌隊が立つ］内陣の一つの窓は地に落ち，内部の柱のほとんどが基礎とずれていた。

中村神父は赤木名と手花部に夜間学校を開設した。そこには週に４回，少年たちと少女たちとが順番で初等科の学習をするために，さらには公教要理の授業を受けるために集まって来た。彼が公教要理受講者を集めたのは，この学校に通って来た異教徒の間からであった。毎週日曜日には，彼は４つの地域を訪問し，２つの場所でミサを執り行い，その最中や終わった後で説教をした。毎年彼は幻灯会付きの４つの大きな講演会を行った。彼のカテキスタたち，およびその援助者たちは夜間の授業に出席し，あらゆる機会を利用して異教徒たちを激励し，宗教の方へ引き寄せ，熱心に学ぶ決心をさせるのが主な任務であった。

名瀬では，なおざりにされていた初期の受洗者たちに，教会の道を教え直すために，フレスノン神父は約10人の若者をサクレ・クール（Sacré-Cœur 聖心，イエス・キリストの心臓）の旗印のもとに募り，彼らに新しく信徒になった家族を分担させた。若者たちの務めとは，これらの家族を訪問し，キリスト教的な生活のあらゆる実践上の義務を教え，頻繁に秘跡に与ることを習慣づけさせることであった。フレスノン神父はすでに獲得された幸運な果実を喜んだ。

大島では，宣教師たちも現地の司祭たちも，全てあらゆる手段を用いて彼らの信者たちの間にキリスト教の精神を発達させることに成功する努力や，彼らを神と教会の掟の忠実な遵奉者にする努力をしていた。彼らは，福音を知らせる希望がありそうな村々を見つけるために，あちらこちらを巡回することも怠らなかった。

3. 戦争と再建の日々

我々は恐るべき1914年に到る。名瀬では，フレスノン神父は見るも無残な状態になっている教会の工事に再び着手する準備をしていた。たとえば漆喰塗装もされていない壁，完成途上の塔，板によって塞がれた窓，雨の漏るがままになっている屋根などであった。8月の初めに，屋根葺職人たちや大工たちが，かくも長い間中断されていた工事を継続するために召集されていた。しかしその時，[第一次世界大戦の] 招集の命令が届き，それはフレスノン神父とボネ神父を襲った。全てをそのまま放り出すことは，彼らにとっては耐え難いことであった。しかし祖国からの呼び掛けには応えなくてはならず，彼らは門司に向けて出発した。

クーザン司教の後を継いでいたコンバス（Combaz）司教は彼らの

代わりをする者として誰かを送ることはできなかった。そこで彼らの持ち場が最小の被害で済むよう工夫しなければならなかった。中村神父が名瀬に配置された。さらに彼は，知名瀬と大和浜を担当する必要があった。平村神父は，大熊と浦上の持ち場に芦花部と秋名の持ち場を加えなければならなかった。ブイージュ神父は，瀬木留部および屋入の他に嘉渡と安木屋場を引き受けた。萩原神父は笠利に手花部，平，赤木名を付け加えた。

この時期の少し前，萩原神父は絶対にもっと広い所に居を構えなければならないと考えて，彼の職務が与えてくれる資金［自分の俸給のこと］を用いて，広大な土地を購入していた。彼のキリスト教信者たちはその土地を高くして，洪水による浸水を防ぐために腕を貸してくれた。神父はさらに労働日の提供と，建築用木材の費用の支払いを，彼らの寛大さに期待していた。

コンバス司教は十分な金額を支給するように手配し，ハルブ神父に建築設計と工事監督をするよう委託した。工事は1914年10月に始まった。神父は大島にはない資材を買い付けるために鹿児島と長崎とに行った。彼は毎週2日間，工事を［直接に］監督し，［現場に行けない］他の日は，工事のために必要な忠告を与えることに費やした。1915年3月に全ては完了した。長崎で製作されていた祭壇は到着していた。萩原神父が購入していた家が，この教会の傍に再建された。4月27日，信者たち並びに異教徒たちの盛大な参集のもとに［大笠利教会の］祝別式が取り行われた。

コンバス司教

4. 大島での福音宣教の 25 年

同じ時期に名瀬と大熊で，大島の福音宣教の銀祝式［25 年祭］が祝われた。島の全キリスト教集団全体の統計は，この 25 年間に授けられた洗礼として，5000 人をわずかに上回る数字を示した。2 つの地域で，厳粛なミサおよび感謝の礼拝，そして夜には幻灯会があった。何という変化であろうか！　25 年前には島では野卑で無作法な歌しか聞かれなかったのに，今日では多くの村落において，神の賛美が優雅に歌われている。

数週間後に人々はフェリエ氏の帰還を知った。しかしながら彼の両脚が弱っていること，そして全体的な身体の状態は，彼がそれをどれ程望んだとしても元の担当に戻ることを許さなかった。彼には熊本が任され，そこで彼は用足しをする必要はなく，修道女たちの世話を受けることができた。それでもやはり，彼は長い間持ちこたえることはできなかった。12 月 26 日に彼は床に就き，2 度と起き上がることはできなかった。移された病院では，彼を救うためにあらゆる手が尽くされた。しかし，それも空しく，酷い苦しみの後で，彼は 1919 年 1 月 26 日に亡くなった。

3 月に萩原神父は異動の通知を受け取り，強く惜しまれながら出発した。彼の作ったキリスト教共同体は，彼のお蔭で多くの観点から一つの模範となっていた。片岡神父が佐世保の任地を彼に譲って，彼の代理としてやって来た。

［第一次世界大戦の］戦争が終わり，フレスノン神父は名瀬の任地に戻ってきた。そして中村神父はボネ神父の任地を，彼が帰国するまで一時的に任された。

8 月にハルブ神父は 27 年間を過ごした大島を去った。そこで様々な任地が次のように仕分けられた。フレスノン神父は名瀬，知名瀬，大和浜に。ボネ神父は芦花部，秋名，嘉渡，安木屋場に。中村神父は大熊，浦上，徳之島に。畑原神父は赤尾木，手花部に。片岡神父は笠利に。キリスト教信者の人数は 3774 人であった。

その年の終わりに，フレスノン神父は名瀬の教会の完成に打ち込んでいた。1921 年 11 月 23 日にその祝別式が行われた[5-2]。それは美しい建造物である。2 つの塔を持ち，それらは町を見下ろしている。船からは港に碇を下ろすずっと前からそれが見える［本書 45-46 ページの原著写真参照］。この教会が多くの土地の人々の心を引きつけ，それを一杯に満たし，感嘆してそれを眺める異教徒たちに，我々の聖なる宗教を学びたいという願望を起こさせることができますように！

任地に戻ると，ボネ神父は再び業務に就き，安木屋場のキリスト教信者たちの集落が所属している大きな龍郷村に，彼の情熱にとっての新しい活動の場を見出した。彼にはすでに何人かのキリスト教信者たちがいて，その中には屋入のかつてのカテキスタの息子である小学校の校長がいた。これまで常に遠隔の任地に配置されていたので，この校長はずっと前からもう宗教を実践していなかった。彼は神父に様々の手助けをした。1923 年には，神父は幸せなことに，自分の羊の群れに 107 人の新たな信者が加わったのが分かった。その大部分は龍郷の村の人びとだった。

1920 年の終わりに，ブイージュ神父は，数カ月間を彼の友人で同国人でもあるボウブラ（Beaublat）神父のもとで過ごすためにシンガポールに行った。彼の不在中にはボネ神父がしばしば瀬木留部に行き，さらには不幸なことにひどく放置されている屋入にまで行った。1921 年 2 月，ブイージュ神父は彼の職務に再び戻り，旅行によって若々しさを取り戻したように見えた。しかしながら彼は深く病に冒されており，その強い体質にもかかわらず，回復することはなかっ

5-2　訳註。『カトリック奄美 100 年』などでは ,1922 年とされている。

た。1922年の4月，彼はまだ自分の状態に幻想を抱いていた。瀬木留部を去った後で就くことになる任務のことを考えていた。彼はこの点については様々な計画さえ立てていた。しかし，数カ月苦しんだ後で，夏の初め7月12日に亡くなり，瀬木留部に葬られた。これは大島に眠っている唯一人の宣教師である。

1923年の秋，教皇使節のジャルディーニ（Giardini）大司教が九州の視察にやって来た。コンバス（Combaz）司教は堅信を授けるために大島へ行き，そこで使節と落ち合うことになった。体調を崩したので，彼は名瀬については，自分と代わって頂きたいと依頼した。教皇使節は要請に応じて，同僚たちの意向に従った。大島に到着すると，彼は全ての権威筋によって公に迎えられたが，それは至る所で同様であった。キリスト教徒たちは非常に喜んだ。天皇の祝日に副知事は彼を儀式の主賓の座に招いた。それは全ての住民，特にカトリック信者たちの満足するところであった。

5. フランシスコ会との交代

1920年からすでに，長崎の宣教団の半分，すなわち南部はカナダ州［ケベックか］のフランシスコ会の神父たちに譲渡されることになる，と私たちに告げられていた。彼らの総長は元フランス海軍将校であるモーリス・ベルタン（Maurice Bertin）神父となるはずであった。ブイージュ神父の死の前に，ベルタン神父はすでに大島に配置されており，瀬木留部における神父の代役になっていた。1922年にはカナダから他の神父たちも到着し，1922年11月28日には，フレスノン神父は大島を去り長崎に向かった。

1923年の春には，中村神父はフランシスコ会の神父に交替し，また大熊を去って，少し後ブラジルに向かう船に乗った。そこでは日本人のキリスト教徒たちの管理のために2人の神父が要求されていたが，それまで誰一人従事することがなかった。誰も言語［日本語］を知らなかったし，一方の信者たちはその国の言葉［ブラジルのポルトガル語］を誰も話さなかったからである。

ボネ神父はさらに一年留まり，まさにこの期間に，龍郷で多数の改宗が起こった。1923年8月15日の後に彼はその任務を退いた。［片岡高俊神父ほか］2人の日本人司祭はまだ，1924年度の彼らの年次黙想会の時期まで留まった。彼らが出発して，島全体はフランシスコ会修道士たちの手に渡った。

1923年の8月には，大島のキリスト教徒たちは次のように振り分けられていた。

<table>
<tr><th>地区</th><th>カトリック信者数</th></tr>
<tr><td>名瀬</td><td rowspan="3">1129人</td></tr>
<tr><td>知名瀬</td></tr>
<tr><td>大和浜</td></tr>
<tr><td>浦上</td><td rowspan="2">715人</td></tr>
<tr><td>大熊</td></tr>
<tr><td>赤尾木</td><td>168人</td></tr>
<tr><td>瀬木留部</td><td rowspan="2">443人</td></tr>
<tr><td>屋入</td></tr>
<tr><td>手花部</td><td rowspan="2">290人</td></tr>
<tr><td>赤木名</td></tr>
<tr><td>平</td><td rowspan="6">676人</td></tr>
<tr><td>嘉渡</td></tr>
<tr><td>芦花部</td></tr>
<tr><td>秋名</td></tr>
<tr><td>安木屋場</td></tr>
<tr><td>龍郷</td></tr>
<tr><td>笠利</td><td>636人</td></tr>
<tr><td>合計</td><td>4057人</td></tr>
</table>

完全に定着した8つの教会と住居とがあった。以上に基づいて，なされた仕事の総量を判断することができる。物質的な工事の大部分は，宣教会と宣教師たちの経費によって賄われた。福音宣教は日

本の他のどんな場所よりもずっと急速に進展し，幸運なことに多数の気前の良い寄進者たちを生み出した。それはカテキスタたちの維持費や教会や住居の建設などに充てられた。

洗礼志願者たちの教育は，普通農作業のために日中は行うことはできず，夜間がしばしばこの務めに捧げられた！　もし宣教師たちがかくも早く疲弊したとしたら，その理由はそこにないだろうか？

他の人々だったら，ひょっとしたらもっと長く耐えたのかもしれない。しかし，彼らはほとんど全員，身体を衰弱させる気候のもとでの過労のせいで，ついには自分の健康が蝕まれて行くのを見ることになったのであった。神のために働いた彼らは，神への奉仕で力を使い尽くすことを恐れなかったのである。

大島を去る時，全員が大島の人々のために最も熱意のこもった祈願を行ったし，今でもそれを行っている。彼らは好意的な自分たちの後継者たちが，既に存在している事業と，極めて多くの辛苦の代価で築き上げられたキリスト教会が発展していくのを見ることができるように願っている。この 32 年間のあいだに，カトリックの司祭を全く見なかった村は，おそらく，大島には一つとして存在しない。M・E（外国宣教会）の宣教師たちは，彼らの熱意にもかかわらず，彼らの望んでいたであろう全ての善を為すことはできなかった。後継者たちは，始められたこの仕事を完成することであろう。

Dum omni modo... Christus annuntietur ！

［どのような形であれ……キリストが宣べ伝えられますように！］[5-3]

A. ハルブ

長崎の宣教師

5-3 新約聖書・フィリピの信徒への手紙 1 章 18 節から，聖パウロの言葉をラテン語で引用。

パリ外国宣教会との出会い

岡村和美

パリ外国宣教会は，東南アジアの宣教に従事していたイエズス会士A・ローデの勧告とパリ司祭組織による企画に応じたF・パリューの活動により1663年パリ神学校を設立した。それは翌1664年教皇アレクサンデル7世によって公認された。修道会とは異なり，教皇庁布教聖省の直接指示のもとに派遣された司教と司祭は，現地人の教区司祭の養成，アジア諸国の教会の育成に努め，布教国の司祭たちの中から教区長となる司教の誕生に全力を尽くした。特に日本においては禁教令のもとフランシスコ・ザビエルたちの播いた信仰の種を今も守り続けているという，潜伏キリシタンの発見，救霊，組織化に重点が置かれた。派遣地域に奉仕するために生涯を捧げ，二度と故国の地を踏まない覚悟で司祭たちはマルセイユ港を発った。会員の殉教者170名，聖人20名に上る。

250年に及ぶ禁教時代，長崎の浦上・外海の潜伏キリシタンたちを密かに励まし続けた「日本人伝道師バスティアンの予言」というものがある。それは「これから7代後に大きな黒船に乗って，告白を聴いてくれる神父がやってくる。それまではあなたたちを守る」というものであった。その後バスティアンは殉教する。しかし，奇しくもその予言は的中したことになる。

開国後の長崎に大浦天主堂（26殉教者教会）が建ち，1865年3月17日，物珍しいフランス寺の見物に来た人々の中から，3人の女性が進み出，祭壇の前に跪くプティジャン神父の傍に跪いた。その中の一人が「ここにいる私たち一同はあなた様と同じ心の者です」と名乗り「サンクタ・マリアの御像はどこ……」と問うた。それは日本キリスト教の長い夜の後の夜明けであった。しかしまた「浦上四番崩れ」と呼ばれる新たな迫害の歴史の始まりでもあった。

ここに訳出したハルブ神父の報告は，開国に先立つ1844年4月28日のA・フォルカード神父と一人の中国人カテキスタの琉球上陸を日仏交流の幕開けとしている。欧米諸国は植民地政策をアジアに拡張し，インドシナ・中国・朝鮮・日本等へ艦隊を派遣して条約の締結を求めていた。マカオに事務局を置いていたパリ外国宣教会は，「条約締結の際に必要とされる通訳養成のために宣教師たちを琉球諸島視察に派遣されるコルベット艦に乗船させたい」というセシル提督の要望を受け入れることにした。禁教下の琉球に18年で8人の宣教師たちが上陸滞在したが，監視付きの軟禁状態では成果は上がらず，事務局を移転した香港に引き上げて開国を待つことになった。言語の習得に励む一方で，単純なボートで密かに日本に上陸し，土地の人々との接触を試みる計画を立てる若い司祭たちのはやる情熱を抑制しながら，ついにはフォルカード司教自身が単独で漁船に乗って江戸に上陸し，天皇に拝謁して自分の信念を述べるという無謀な計画を立てることになる。この決死の悲願は認められず，彼はフランス海外県の小島ガドループの司教に任命されることになるが，日本への強い思いを断ち切ることはできなかった。開国後，日本が南北の二教区に分割された時には，プティジャン神父の立ち会いの下，パリ外国宣教会神学校の礼拝堂で，フォルカード司教は北日本教皇代理となったオゾフ司教の叙階司教となっている。

ハルブ神父の報告には信徒発見後のプティジャン神父・ローケーニュ神父たちの献身的活動や，浦上四番崩れに始まる信徒迫害の詳細な記述はない。プティジャン神父，ローケーニュ神父，ド・ロ神父，ムニクゥ神父，ジラール神父，ヴィリオン神父，ラゲ神父等激動の長崎を拠点に働いた一群の先駆者たちの偉業をハルブ神父はどのような思いで受け継いだことだろうか。彼は，これら草創期の神父たちより少し遅れて，1899 年長崎教区にやって来た。大分教会を出発点とし，奄美大島の各地で宣教し，天草でその生涯を終えた司祭である。各地にゴシック様式の聖堂など多くの建築物を遺したことでも注目される。実直で誠実な人柄を忍ばせる文体の奥に秘されている葛藤，苦悶，現地の人々との心の交流，彼らへの深い愛などについて考えさせられるいくつかの書物がある。晩年の肖像写真の中に，童顔の面影を残す茶目っ気ある優しい老神父が，白髪と長い髭の中に浮かび上がる。

パリ外国宣教会の多くの司祭たちと同様，彼もまた生涯故国の土を踏まず，日本で永眠した。また 40 代半ばで生涯を閉じた多くの司祭たちと異なり，81 歳という長寿に恵まれた司祭でもある。それゆえ経験豊富で見識も慈愛も深かったに相違ない。

この報告は 1920 年司祭 56 歳の時に，パリ外国宣教会が長崎教区南部を引き揚げ，大きな労苦と犠牲の上にうち立てられた奄美諸島での宣教の継続をカナダ管区フランシスコ会に委託して島を去っていくところで終わっている。末尾の「どのような形であれ，キリストが宣べ伝えられますように！」というパウロのフィリピの信徒への手紙 1 章 18 節から引用されたラテン語句に込められた，島を去っていく神父たちの心の内が読み取れる。

外国宣教会は布教国の信者の中から人材を選んで高等教育を施し司祭に叙階させるという方針を取っていたため，現地で働く司祭たちは，汗とあぶらと血と涙で開拓し作り上げた教区の土地，建物，設備そして信徒たちの交わりの全てを捨てて，新しい教区を作るために次の土地に赴いた。彼らの勇気ある不屈の魂は，キリストを知らない人々の心をも大きく動かした。しかしながらこの苦しい離別は彼らの体や心に深い痛手を負わせることも多かった。

浦上四番崩れの迫害をくぐり抜け，神戸では配流者たちと苦労を共にし，殉教者たちの魂を弔い続けて京都，山口，萩，津和野時代を経て奈良で 80 歳の生涯を閉じた A･ヴィリオン神父は，その著『日本布教 50 年史』の中で，労苦を共にした愛する教区を捨てて新しい任地に赴く苦しさがどのようなものであるかをつぶさに語っている。筆舌に尽くせないほどの深い愛と信仰を持って，献身的に働くパリ外国宣教会の宣教師たちには地上的な野望はない。福音を伝えること，魂を救うことだけが心を占めている。異文化間の摩擦，多くの誤解があったとしても，彼らの献身はそれ自体が奇跡なのである。

「老後の楽しみは何か」と尋ねられたヴィリオン神父はいつも「日本人の司祭が生まれることだね」と答えていたという。山口に在住している私としては，当地と縁の深いヴィリオン神父の少年期のもう一つのエピソードを引用しておきたい。

ある日ヴィリオン神父は，父親が新聞を広げてカンカンに怒っているのを目撃したことがあった。彼が憤っていたのは，極東で起こった最近の事件についてであった。アメリカの軍艦に密航して渡米を企てた一人の日本人青年が，乗船を拒絶され，幕府に引き渡されたというのである。もしこの青年が乗り込もうとした船がアメリカのでなくフランスの船であったなら，フランスは彼を国に連れ帰り，立派な教育を施して日本に送り返したことだろうに。日本の将来にとってそれは，きわめて有益なものになっただろうに。これが義憤に満ちた父親の意見であった。

後年，ヴィリオン神父は萩に赴任した折，この青年が吉田松陰という若者であったことを，初めて知ることになる。このことにヴィリオン神父は深い宿縁を感じたと語っている。

奄美・沖縄 カトリック宣教史関係年表

岡村和美作成

1549年7月3日	フランシスコ・ザビエル鹿児島に上陸
1552年12月3日	フランシスコ・ザビエル中国上川島で永眠
1587年7月27日	秀吉の宣教師追放令（府内のコレジョ平戸に移転）
1597年2月5日	26名のキリシタン宣教師・信徒が長崎で処刑される（後に列聖）
1633年	鎖国令発布
1637年	島原の乱
1640～55年	イエズス会士・ドミニコ会士らの日本入国の試みの失敗
1664年	パリ外国宣教会，教皇アレクサンデル7世より公認される
1708年	シドッチ神父，屋久島上陸（江戸で獄死）
1829年3月31日	教皇ピウス8世（～1830年）
1831年2月2日	教皇グレゴリウス16世（～1846年・宣教先現地聖職者養成を認める）
1844年4月28日	フォルカード神父琉球那覇に到着
1846年4月30日	ベッテルハイム牧師の琉球伝道始まる
5月1日	ル・テュルデュ神父，琉球到着
6月16日	教皇ピウス9世（～1878年）
9月5日	アドネ神父琉球到着
1847年2月21日	フォルカード神父香港で司教叙階
1848年2月22日	フランス2月革命（～24日・第2共和政・ナポレオン3世大統領となる。～1852年）
7月1日	アドネ神父那覇で永眠
1852年12月2日	フランス第2帝政・（ナポレオン3世皇帝となる。～1870年9月4日）
1853年7月8日	ペリー江戸湾に来航
1854年3月31日	日米和親条約締結（ペリー，下田・箱館［函館］2港開港）
5月23日	コラン神父満州で永眠
1855年2月26日	ジラール神父・フュレ神父・メルメ神父琉球到着
1856年10月26日	ムニクゥ神父琉球到着
1858年2月11日	ルルドの聖母出現
7月29日	日米修好通商条約締結（ハリス全権　神奈川・長崎・新潟・兵庫の開港と江戸・大坂［大阪］の開市）

1858 年	安政の大獄（～ 1859 年）
1858 年 10 月 9 日	日仏修好通商条約締結（グロ男爵・通訳メルメ神父・絵踏みの廃止）
1859 年 9 月 6 日	ジラール神父横浜到着（フュレ神父・ムニクゥ神父琉球に残される）
11 月 25 日	メルメ神父箱館に到着
1860 年 10 月 27 日	プティジャン神父琉球到着
11 月 4 日	ムニクゥ神父横浜到着
1861 年 3 月 17 日	イタリア王国建国（教皇領の大半が王国に吸収される）
1861 年	ル・テュルデュ神父広東で永眠
1862 年 1 月 12 日	横浜に日本最初の聖堂，聖心聖堂完成（ジラール神父）
1862 年	プティジャン神父・フュレ神父（琉球最後の神父）琉球を去る
6 月 8 日	日本二十六殉教者，教皇ピウス 9 世により列聖
1863 年	フュレ神父・プティジャン神父長崎赴任
8 月 15 日	薩英戦争（～ 17 日）
1864 年 2 月 19 日	長崎大浦天主堂完成（プティジャン神父）
8 月 20 日	禁門の変（長州藩朝敵とされる）
11 月 24 日	ハルブ神父，フランス - オーヌ県，ロンレ・ラベイで誕生
1865 年 3 月 17 日	潜伏キリシタンの発見（長崎大浦）
1866 年 3 月 7 日	薩長同盟
1867 年 7 月 14 日	長崎で浦上四番崩れ始まる（～ 70 年）
11 月 9 日	大政奉還（徳川慶喜）
12 月 9 日	ジラール神父横浜で永眠
1868 年 3 月 14 日	五箇条のご誓文（明治維新）
1869 年 12 月 8 日	第一バチカン公会議（ピウス 9 世，～ 1870 年 10 月 20 日。プティジャン神父，ド・ロ神父出席）
1870 年 9 月 4 日	フランス第 3 共和政（～ 1940 年 7 月 10 日）
1871 年 5 月	イタリア統一（ローマ教皇領消滅）
	メルメ神父フランスで永眠
	ムニクゥ神父神戸で永眠
11 月 12 日	岩倉欧米使節団出発（～ 1873 年 9 月）
1872 年 4 月 4 日	琉球藩設置（琉球王国廃止）
1873 年 2 月 24 日	日本政府キリスト教禁制の高札撤去
1876 年 5 月 22 日	布教聖省，日本を南北 2 教区に分ける（北オゾフ司教・南プティジャン司教）
	ハルブ神父「セ」の小神学校入学（12 歳）
1879 年	長崎浦上天主堂建設（配流者の帰郷）
3 月 31 日	沖縄県設置（琉球処分）

1884年	ハルブ神父パリ外国宣教会に入学（20歳）
1884年10月7日	プティジャン神父長崎で永眠
1885年9月12日	フォルカード神父フランスで永眠
1888年	ハルブ神父パリ外国宣教会卒業，司祭に叙階される
1889年2月11日	大日本帝国憲法公布（第28条信教の自由）
	ハルブ神父大分に赴任
1892年3月	フェリエ神父奄美大島到着
10月	マルマン神父奄美大島到着
1893年	コシュリー神父奄美大島到着
9月	ハルブ神父奄美大島到着
1894年4月	田川佐吉神父・山口欽爾神父奄美大島到着
7月25日	日清戦争（～1895年4月17日）
1895年7月	田川神父・山口神父甑島で難破・水死
	ハルブ神父設計で浦上教会完成
1896年5月	クーザン司教奄美大島来島
10月	マルマン神父奄美大島を去る（香港へ転任）
	ブランギェ神父奄美大島到着
1897年3月	片岡高俊神父・中村長八神父，奄美大島到着
1898年秋	グラシィ神父奄美大島到着
1899年4月21日	ハルブ神父により知名瀬に聖フランシスコ・ザビエル教会完成
1900年1月22日	ルーセイュ神父永眠
	リシャール神父喜界島に渡航
1902年3月	平村貞一神父奄美大島到着
7月	フェリエ神父・グラシィ神父・ブイージュ神父徳之島宣教開始
12月	ハルブ神父設計の赤尾木教会完成
1903年5月	クーザン司教奄美大島に来島
1904年2月8日	日露戦争（～1905年9月5日）
1908年12月8日	ハルブ神父・ブイージュ神父監督で瀬留教会完成
1910年	リシャール神父永眠
1911年6月16日	奄美で大地震が起こる
1912年	マルマン神父永眠
1914年7月28日	第一次世界大戦始まる（～1918年11月11日）
	ボネ神父とフレスノン神父第一次世界大戦に応召
	コンバス司教奄美大島来島
1915年4月27日	ハルブ神父により大笠利教会・同司祭館が完成
1917年	ハルブ神父の母ナタリーがフランスで永眠（77歳）
1919年1月26日	フェリエ神父熊本で永眠
6月28日	ヴェルサイユ条約調印

	萩原神父奄美離任
1920 年	ハルブ神父長崎県黒崎教会に転任
	ハルブ神父黒崎教会を完成
3 月	フレスノン神父応召から帰還
8 月	ボネ神父応召から帰還
1921 年	ハルブ神父「黒崎愛苦会」設立
11 月 28 日	フランシスコ会カナダ管区モーリス・ベルタン神父奄美大島着任
	奄美大島高等女学校建設始まる
1922 年	名瀬レンガ造り聖堂完成（フレスノン神父）
7 月 12 日	ブイージュ神父瀬木留部（瀬留）で永眠
1923 年 2 月 25 日	中村長八神父南米宣教のため奄美を離任
1924 年 4 月 13 日	奄美大島高等女学校開校
6 月 19 日	片岡高俊神父（大笠利教会）奄美離任
1925 年 3 月 20 日	浜畑兵助神父長崎県五島水ノ浦で永眠
1927 年	ハルブ神父熊本県天草崎津教会に転任
10 月 20 日	ローマ教皇大使マリオ・ジャルディーニ大司教奄美大島来島（～ 11 月 5 日）
1928 年 10 月 20 日	ハルブ神父崎津に司祭館を建築，保育所を設立
1932 年 5 月 15 日	五・一五事件
1933 年 2 月 23 日	畑原松平神父が長崎で永眠
	名瀬でカトリック信者の迫害が起こる
12 月 24 日	奄美大島高等女学校閉鎖認可を受ける
1934 年 11 月	ハルブ神父崎津教会を建築
12 月 12 日	教会弾圧によるカトリックの宣教師たちの奄美離任（島は司祭不在となる）
1935 年	ハルブ神父崎津に幼稚園を創設
1936 年 2 月 26 日	二・二六事件（～ 2 月 29 日）
7 月 14 日	大笠利教会放火により焼失
1939 年	奄美カトリック教排撃運動再燃
1940 年 3 月 14 日	中村長八神父南米アルヴァレス・マッシャードで永眠
1941 年 1 月 8 日	片岡高俊神父長崎で永眠
1945 年 1 月 14 日	ハルブ神父崎津で永眠
3 月 10 日	東京大空襲
4 月	米軍沖縄島占領開始
4 月	大空襲により名瀬聖心教会「レンガみどう」焼失
8 月 6 日	広島に原子爆弾
8 月 9 日	長崎に原子爆弾
8 月 14 日	ポツダム宣言受諾を決定
9 月 2 日	戦艦ミズーリ号上で降伏文書に署名

日本に眠るパリ外国宣教会宣教師列伝

本書には，多数のパリ外国宣教会の宣教師たちの活躍が描かれています。本書を執筆したハルブ神父が，天草の崎津教会で亡くなったように，奄美での活動が記録されている宣教師たちは，日本や東アジアを舞台として活動していたのでした。ここに，日本での宣教をおこない，日本で亡くなったパリ外国宣教会の全体像をまとめた，武内博氏が作成された50音順のリストを紹介します。もともとは以下のサイトに掲載されていた記事を，若干の修正をほどこして引用させていただきました。http://www.geocities.co.jp/rainichi20051/Other_Countries/ParisRetsuden.doc

2018年に脇田安大著『パリ外国宣教会宣教師の軌跡』が出版され，長崎を中心として活躍した51人の神父の評伝が載っていますので，そちらも参照していただければ幸いです。以下の文章では，本書に登場する宣教師の名前には◎をつけ，読みやすいように本文の文字を大きめにしています。また，奄美関連の宣教師については，もとのリストで抜けている場合も書き加えてあります。

◎アドネ (Adnet, Matieu 1813-1848)

1813年12月8日フランス・ウェルダンで生まれた。東洋宣教を志し1849年那覇に到着，フォルカード師の下で宣教に従事した。病弱であったが天久(あめく)の聖現寺において日本語を習得中発病し，同宿のル・テュルデュ (Le Turdu, Pierre-Marie 1821-1861) らの手厚い看病にもかかわらず1848年7月1日34歳の若さで死去した。聖現寺に埋葬。現在は，泊の外国人墓地に墓碑がある（本書19ページ参照）。

アングル (Angles, Jean Baptiste Antoine 1865-1935)

1865年7月5日フランスのロデス(Rodez)教区で生まれた。パリ外国宣教会に入会し，1890年司祭に叙階され，ただちに宣教師として日本に派遣された。大阪川口教会及び孤児院付き司祭として奉仕したのち広島に転じた。さらに，島根県松江に移り同地に教会を建てたのち同県玉造教会主任司祭として移り，多くの信者を育成した。1924年北海道当別の男子厳律シトー会修道院に赴任，1935年兵庫県加古川市女子シトー会の司祭となった。1935年8月23日死去。行年69歳。墓碑不詳。

アンシャン(Anchen, Pierre Hilarion 1879-1967)

1879年11月20日フランスのバスク地方で生まれた。バスクは聖フランシスコ・ザビエルの生地でもあり，パリ外国宣教会からも多くの宣教師が派遣された。アンシャンは1903年来日し最初の赴任地函館に到着。札幌，旭川方面に宣教したのちコルニエ神父の後任として1924年青森県八戸に転じた。その後，盛岡を経て朝鮮に渡った。第二次世界大戦終了後，静岡県御殿場の神山復生病院付きとなり1967年5月2日復生病院において死去,同病院墓地に埋葬。行年87歳。

ヴァグネル(Vagner, Adolph 1863-1932)

1863年2月11日フランスのメッツ教区ワスペル・ウェイエル(Wasper-Weiller p.St-Quirin)で生まれた。パリ外国宣教会に入会，1890年司祭に叙階と共に日本派遣を命じられた。神戸においてワスロン神父のもとで日本語を修めたのち，鳥取教会主任司祭として赴任した。1896年大阪に転じ，京都河原町教会の教務も兼任，1930年に京都西陣教会主任司祭として教区信徒の指導に当たった。日本語に巧みで,講演などで好評を博した。1932年2月18日帰天。行年64歳。府中カトリック墓地に眠る。

ヴァスロン(Vasselon, Henri Caprais 1854-1896)

1854年4月1日フランスのル・ビュイ司教区で生まれた。パリ外国宣教会に入会，1877年司祭となりただちに日本派遣を命じられ宣教師として赴任した。

大阪およびその近郊において宣教生活を過ごしたのち名古屋に転じた。1893年ミドン神父の跡を継いで大阪司教に挙げられた。1896年3月7日大阪において帰天。行年41歳。大阪阿部野外人墓地に埋葬されたが，のち豊中市服部霊園外人墓地に改葬された。

◎ヴィリオン (Villion, Amatius 1843-1932)

1843年9月2日フランスで生まれた。パリの聖スピルス大神学校に学び，1868年パリ外国宣教会宣教師として来日，長崎において宣教に従事したのち神戸に転じた。1879年京都転任となり非常な苦労の末，三条河原町に天主堂を建立したが献堂式の直前山口に転任となった。萩に居住し，宣教のかたわらキリシタン研究に没頭「鮮血遺書」等の著作がある。1932年4月1日大阪で死去。行年90歳。いったん，阿倍野外人墓地に埋葬されたが，のち豊中市服部霊園外人墓地41番に改葬された。

ウタン (Houtin, Marcel 1891-1951)

1891年フランスで生まれた。パリ外国宣教会に入会し1920年宣教師として来日した。東京本郷教会，静岡教会や横浜保土ヶ谷教会などの各教会において宣教に従事した。1951年10月5日死去。行年60歳。府中カトリック墓地に眠る。

エヴラール (Evrard, Félix 1844-1919)

1844年2月21日フランスのラ・マスクで生まれた。1864年パリ外国宣教会に入会。1867年司祭に叙階と共に日本派遣を命じられた。新潟に赴任し宣教のかたわら原敬らにフランス語を教授した。盛岡勤務を経て横浜に移り，1906年東京副司教に任命された。日本語に堪能で一時駐日フランス公使館つきの通訳をつとめたことがある。1919年5月4日横浜において死去。横浜山手外人墓地11区90に埋葬。行年74歳。勲五等雙光旭日章授章。

オズーフ (Osouf, Pierre Marie 1829-1906)

1829 年 5 月 26 日フランス北西部のルマンデイ地方クータン司教区で生まれた。1852 年神学校を卒業，司祭に叙階されたのちパリ外国宣教会に入会し，東洋宣教を志し香港に赴任したがまもなくパリの神学校の校長に任命されて帰国。1878 年来日し初代東京大司教に任命され，教育事業，出版事業などに多大な功績をのこした。1906 年 6 月 27 日東京目白関口台の大聖堂内において死去。行年 76 歳。青山霊園外人墓地に埋葬。

オリアンティス (Aurientis, Pierre 1854-1922)

1854 年 4 月 1 日南フランスのダルン・エ・ガロン州ローゼルト市で生まれた。パリ外国宣教会に入会し，1879 年同会派遣の宣教師として来日した。松山，広島などにおいて宣教に従事したのち，京都に転じ河原町教会を主管した。1906 年から京都帝国大および第 3 高等学校においてフランス語を教授。1922 年 10 月 26 日京都で死去。洛北大日山墓地に埋葬された。行年 67 歳。勲五等旭日章授章。

カディヤック (Cadilhac, Hippolyte Louis 1859-1930)

1859 年 3 月 15 日フランスのアヴェロン県ノウ郡ラ・カヴァルリー村で生まれた。パリ外国宣教会に入り，1879 年宣教会経営の神学校において 4 年間カトリック神学を学んだ。1882 年司祭に叙階されると同時に宣教師として日本に派遣され東京に着任した。足利教会，会津教会にそれぞれ教会を設立したのち宇都宮に転任「歩く宣教師」として有名となった。1930 年 11 月 19 日東京関口教会において死去。遺言により宇都宮西原町のカトリック墓地に埋葬された。行年 71 歳。1980 年帰天 50 周年を記念し，墓地内に記念碑が建立された。

ガルニエ (Garnier, Louis Frédéric 1860-1941)

1860 年 11 月 21 日フランスのオートロラール県ルビュイで生まれた。1885 年司祭に叙階されるとともにパリ外国宣教会から派遣され宣教師として来日。京都，長崎勤務を経て天草大江教会に赴任し生涯同地に過ごすと共に 1892 年ハルブ神父が着任するまで1892年まで崎津教会主任も兼任した。1907年北原白秋ら「新詩社」同人5名が印象を綴った「五足の靴」が話題を呼んだ。1941年1月19日大江天主堂において死去。教会墓地に埋葬された。行年80歳。1971年（昭和46年）没後30年を記念し教会敷地内に胸像が建立された。

カンドー (Candau, Sauveur Antoine 1897-1955)

1897年5月29日南フランス・バスク地方のサン・ジャン・ピエ・ド・ポールで生まれた。バイヨンヌの大神学校に学んだが，第一次世界大戦の勃発に際し陸軍士官学校に転じ終戦時に陸軍中尉で退役した。1919年パリ外国宣教会に入会，ローマのグレゴリア大学に留学しカトリック神学を修め，神学博士・哲学博士号を取得して帰郷。1923年司祭に叙階，翌年日本に宣教師として来日。静岡市追手町教会に赴任したが，まもなく東京の関口神学校の校長に任じられさらに石神井神学校校長に聘せられた。第二次世界大戦中に召集されて帰国。戦場において瀕死の重傷を負ったが1948年9月再来日をはたし，流暢な日本語を駆使して宣教に活躍した。日仏学院や聖心女子大学などにおいてフランス語フランス文学などを講じた。1955年9月28日東京新宿の聖母病院において死去。行年58歳。府中カトリック墓地に埋葬。著作も多く『永遠の傑作』(東峰書店，昭和30年）や『バスクの星』（東峰書店，昭和31年）などすぐれた随筆集がある。

◎クーザン (Cousin, Jules Alphonse 1842-1911)

1842年4月21日フランスのルーソン司教区において生まれた。パリ外国宣教会に入会，1865年司祭に叙階され翌年宣教師として来日。大阪川口居留地に土地を求めて「無原罪の御孕の天主堂」を設立。1885年日本南緯聖会（カトリック教会日本南緯代牧区の通称で1876年日本代牧区が二分された際近畿以西を管轄した代牧区）代牧に挙げられた。1891年初代長崎司教として大浦天主堂に着任。日本人司祭養成につとめ多くの聖職者および信者を育成した。1911年9

月18日長崎において死去。行年68歳。長崎大浦天主堂内墓地に眠る。

クソノ (Cussonneau, Jean Marie 1860-1890)

1860年6月14日フランスのロアール川下流のアンジェ (Angeres) で生まれた。パリ外国宣教会に入会し，1886年5月司祭に叙階され，ただちに宣教師として日本に派遣された。秋田県下においてカトリック宣教に従事したのち1896年9月15日秋田で死去。行年30歳。墓碑不詳。

◎グラシィ (Gracy, Léon 1875-1945)

1875年2月3日ピレネー山麓のバイヨンヌ近郊のアスケールに生まれた。1897年9月26日に司祭となり，10月28日長崎へ向け派遣された。クーザン司教に迎えられ，鹿児島でラゲ神父のもと日本語を学ぶ。1899年奄美大島に赴任, 1903年から大分。06年に中津。帰国して病気療養後, 1909年2月に長崎へもどり15年間宣教に従事。コンバス司教の後任と期待されたが，香港での病気療養を経て1938年からハノイで日本語を教え，1945年2月2日死去。行年70歳。この項は，パリ外国宣教会のサイト https://www.irfa.paris/fr/notices/notices-biographiques/gracy からの抜粋である。

クレマン (Clément, Augustin Delphin Marie 1854-1914)

1854年10月2日フランスのブザンソン教区で生まれた。パリ外国宣教会に入会し，1879年9月司祭に叙階されるやただちに宣教師として日本に派遣された。長野県松本に赴任し宣教に従事し多くの信者を育成した。その後，静岡教会に転じ同地方におけるカトリック思想の普及に努めた。1914年死去。市内沓谷（くつのや）霊園カトリック墓地に埋葬された。行年60歳。

ゲリー (Géley, Jean Baptiste Joseph 1870-1936)

1870年4月20日フランスのロアーヌ川下流にある工業都市アンジェで生ま

れた。パリ外国宣教会に入会，1895年司祭となる。同年，宣教師として日本に派遣された。大阪，高知，和歌山などの各地において宣教に従事した。1935年7月12日65歳で死去。大阪府豊中市服部霊園外人墓地40番に眠る。

◎コシュリー (Cocherie, Alexis 1857-?)

1857年12月1日フランスのレンヌ県のイル・エ・ヴィレーヌに生まれた。1882年1月6日に司祭となり，パリ外国宣教会から1884年11月5日に日本へ向けて派遣された。本書50頁にある事件の翌年の1894年にパリ外国宣教会を離れ，没年は不詳とある（この項は，パリ外国宣教会のサイト https://www.irfa.paris/fr/notices/notices-biographiques/cocherie からの引用）。奄美大島の瀬留教会の記念碑には,「コシユリ　アレクシ」と刻まれている。

コッサール (Cossar, Yves 1905-1946)

1905年3月16日フランスのエヴェル教区で生まれた。パリ外国宣教会宣教師として来日，宇都宮および水戸方面においてカトリック宣教に従事したが神学研究のためいったん帰国しパリやローマで研鑽をつんだ。1934年再来日東京石神井の神学校で教えた。日本文化にも関心をいだき，ノエル・ペリらと謡曲の翻訳をおこない，代表作「隅田川」ほかを発表した。謡曲のほか俳句・和歌の研究にも通じ，万葉集についてのすぐれた研究がある。1946年7月17日鎌倉海岸で遊泳中に事故死。行年41歳。鎌倉市七里ヶ浜聖テレジア教会墓地に埋葬。

コルニエ (Cornier, Alexandre Mathieu 1876-1957)

1876年8月19日フランス中部アリエ県ウレンで生まれた。1896年パリ外国宣教会に入会，1900年6月司祭に叙階され同年宣教師として日本に派遣された。最初，函館に赴任，のち盛岡に転じたが小樽教会主任司祭として再度北海道に帰任した。1915年青森県八戸教会に転任，第一次世界大戦勃発に際し召集をうけて帰国。終戦後八戸にもどり八戸および三本木の2教会を主管し東北地方におけるカトリック宣教に多大な貢献をはたした。引退後，鎌倉市七里ヶ浜の聖テレジア療養所付き司祭に就任した。1957 年 1 月 12 日死去。行年 80 歳。横浜外人墓地に埋葬。

コルレ (Corré, Jean Marie 1850-1911)

1850 年 6 月 28 日フランスで生まれた。1875 年パリ外国宣教会宣教師として来日，主として天草地方において宣教に従事したのち，長崎の神学校で教えた後，熊本に転じ苦難の中にハンセン病患者の救済に当たり，収容施設である待労院を設立した。1911 年 2 月 9 日熊本で死去。行年 60 歳。市内島崎町待労院内墓地に埋葬。

◎コンバス (Combaz, Jean Claude 1856-1926)

1856 年 12 月 8 日フランス・シャンベリー司教区で生まれた。1877 年パリ外国宣教会経営の神学校に入学，1880 年卒業し司祭に叙階され宣教師としてただちに日本宣教のため派遣された。大阪神学校で教えたのち長崎に移り長崎神学校においてラテン語やフランス語を教えた。1912 年クーザン司教の後任として長崎司教に挙げられ，在職 14 年に及んだが 1926 年 8 月 18 日長崎において死去，市内大浦天主堂に埋葬された。行年 69 歳。

サルモン (Salmon, Marie Amedée 1845-1919)

1845 年 11 月 11 日フランスのブールジュ県ビュザンセ村 (Buzancais, Bourges) で生まれた。1865 年パリ外国宣教会に入会し 1868 年司祭に叙階されると同時に宣教師として日本に派遣された。長崎において宣教に従事したのち，1891 年長崎司教区副司教に任じられた。1919 年 3 月 31 日長崎において帰天。浦上天主堂内墓地に埋葬。行年 74 歳。1907 年聖心会修道女を引率して来日したサルモン修道女は彼の姉。

「墓碑正面」

布教事業五十一年間副司教在職二十二年間
霊父アメデ サルモン師之墓
千九百十九年三月三十一日永眠 齢七十四歳

シェレル (Cherel, Jean Marie Félix 1868-1948)

1868 年 7 月 9 日フランスのブルターニュ地方で生まれた。1889 年パリ外国宣教会に入会し 1892 年 23 歳で司祭に叙階，ただちに宣教師として日本に派遣された。千葉県下においてカトリック宣教に従事したのち，名古屋に転任となり名古屋教会主任として主税町教会を設立した。1905 年東京神田教会主任に挙げられた。1913 年 2 月 19 日同教会が火災のため焼失, 2 年後に新教会が落成。1923 年 9 月 1 日関東大震災のため再度倒壊したが 1928 年に再興した。1938 年保土ヶ谷教会に転じ，1940 年保土ヶ谷教会が竣工した。1947 年引退し都下清瀬町「ベツレヘムの園」に移り，翌年の 1948 年 3 月 21 日 80 歳で帰天した。府中カトリック墓地に眠る。

ジャッケ (Jacquet, Claude Marie 1856-1927)

1856 年 8 月 20 日フランスのローヌ県クラヘソルで生まれた。1882 年パリ外国宣教会宣教師として来日，仙台に赴任し 1888 年まで同地において宣教に従事，のち盛岡教会に転じた。1892 年まで盛岡教会に在職，翌年仙台に帰任しさらに宮城県各地，北海道や樺太まで宣教に赴いた。1897 年仙台元寺小路教会の大聖堂を建立するなど仙台地方のカトリック普及に多大な足跡を残した。1827 年 4 月 29 日仙台において帰天, 市内鶴ケ谷墓地に埋葬された。行年 71 歳。仙台で教員時代をすごした島崎藤村らにフランス語を教えたことが伝えられる。

シャトロン (Chatron, Jules Auguste 1844-1917)

1844 年 4 月 20 日フランスのペレ司教区で生まれた。パリ外国宣教会に入会し，1873 年司祭叙階と共に宣教師として日本宣教を命じられた。大阪を中心に宣教に従事，1896 年大阪司教に挙げられ在職 22 年間に及んだ。1917 年 5 月 6 日大阪市富島町天主堂において死去。行年 74 歳。豊中市服部霊園外人墓地

44 番に眠る。

シャボテイ (Chabauty, Vincent Marie Ernest Désiré 1882-1907)

1882 年 12 月 24 日フランスで生まれた。パリ外国宣教会に入り，1906 年司祭に叙階されるやただちに宣教師として日本に派遣された。函館に赴任したがまもなく仙台に転任となり宣教に専念したが病いの侵すところとなり若干 24 歳で 1907 年 9 月 25 日帰天，市内鶴ケ谷カトリック墓地に埋葬された。

シャンボン (Chambon, Jean Aléxis 1875-1948)

1875 年 3 月 18 日フランスのヴァロル・ヴィル（クレルモン司教区）で生まれた。1898 年パリ外国宣教会に入会し，翌年司祭に叙階，宣教師として日本に派遣された。函館に赴任し，のち仙台に転じ仙台神学校校長に挙げられたが第一次世界大戦が勃発，召集をうけて帰国した。終戦後，再び来日をはたし東京大司教に就任邦人司祭の育成に尽力，東京大神学校を設立した。1937 年東京を離れ初代横浜司教に着任したが 1940 年引退した。1948 年 2 月発病し療養中, 同年 9 月 8 日入院先の横浜ジェネラル・ホスピタルで死去した。行年 77 歳。横浜山手外人墓地 10 区 80A に眠る。

ジョリー (Joly, Eugène Clodomir 1871-1966)

1871 年 1 月 28 日フランス北部ノール県カンブレ郡マニエル村で生まれた。パリ外国宣教会に入会，1895 年 9 月司祭に叙階されるやただちに宣教師として日本派遣を命じられた。はじめ，鹿児島教会のラゲ神父のもとで日本語習得につとめたのちに南九州一帯において宣教に従事した。その後，福岡に転じ伝道生活を送ると同時に福岡高等学校や医科専門学校などでフランス語の教授に当たった。1930 年東京に転じ，東京大神学校で教会史を講じた。1938 年旧満州に赴任，さらに中国大陸に移り戦後上海から日本に引き上げた。栃木県那須や東京府下清瀬のベトレヘムの園で奉仕したのち，1966 年 3 月 6 日東京江古田の病院で死去。行年 94 歳。府中カトリック墓地に眠る。

◎ジラール (Girard, Prudence Séraphin Barthélémy 1821-1867)

1821 年 4 月 5 日フランス中部ブールジェ司教区アウリシュモで生まれた。パリ外国宣教会に入会，1845 年司教に叙階された。1848 年（嘉永元年）3 月宣教師とし鎖国中の日本への派遣命令が出たが香港で待機，さらに那覇に渡りフォルカード神父のもとで日本語の研鑽をつみ将来に備えた。安政 5 年（1858 年）日仏通商条約締結をまって江戸に日本代牧として着任，フランス領事ド・ベルクールの通訳兼領事館付き司祭に就任した。1862 年横浜山手にカトリック天主公会堂を創立したが，「横浜天主堂事件を惹起させ逮捕者を出しその解決策のため渡欧するなど苦慮した。この天主堂は 1867 年 12 月 9 日火災のため焼失，ジラール神父も焼死した。行年 45 歳。遺骸はのちに再建された教会の壁に塗りこめられた。彼の名を記した大理石碑板がはめられている。

スタイシェン (Steichen, Michel 1857-1929)

1857 年 12 月 17 日ルクセンブルク大公国のデュドランジュで生まれた。大学を卒業後，パリ外国宣教会に入会し 1886 年司祭に叙階，翌年日本に宣教師として派遣された。盛岡，東京築地，静岡，東京麻布，横浜の各地教会においてカトリック宣教に従事した。1918 年築地神学校長および築地教会主任司祭などの勤務のかたわらキリシタン研究に没頭し 1930 年「キリシタン大名記」（大岡山書店）を刊行。さらに，機関紙「声」の編集長のかたわら執筆にも精を出し洲飛泉，捨井芝園などのペンネームで作品を発表した。健康を害し関口教会で静養につとめたが 1929 年 7 月 29 日本郷上富士前教会において帰天。行年 73 歳。東京青山霊園外人墓地に埋葬。

セスラン (Cesslin, Gustave Jean Baptiste 1873-1944)

1873 年 4 月 29 日フランス・ミューズ県モンドヴァン (Mont-Devant-Sassey, Meuse) で生まれた。パリ外国宣教会に入会，1899 年司祭に叙階されるや宣教師として日本宣教を命じられた。信州松本教会主任司祭として1901年から1914年まで宣教に従事し，第一次世界大戦中帰国し終戦後1919年から1928年まで二度にわたり通算22年間この地においてカトリック思想の普及につとめた。この間,「和仏大辞典」の編纂に没頭して1940年（昭和15年）出版した。1931年築地教会主任司祭として東京に転じたが脳溢血で倒れ，療養の甲斐もなく1944年3月25日死去。行年71歳。府中カトリック墓地に眠る。

セトゥール (Cétour, Jérémie 1867-1962)

1867年12月21日フランスのレマン湖の近くボンヌボー村 (Bonnevaux, Anneey) で生まれた。パリ外国宣教会に入会，1895年司祭に叙階され翌年宣教師として来日した。大阪川口教会においてワスロン神父について日本語を学び，まもなく岡山に転じさらに山口に移り，山口教会および下関教会主任司祭として宣教に従事した。ヴィリオン神父に師事し，1924年堺教会を設立し1948年まで主任司祭として在職。同年，西宮市跣足（せんぞく）カルメル会付き司祭となり修道女たちの指導に当たった。1962年9月22日神戸須磨の聖ヨハネ修道院において死去。行年95歳。神戸再度山修法ヶ原外人墓地B2区142番に眠る。

ダリベル (Dalibert, Pierre Désiré Frédéric 1860-1935)

1860年5月16日フランスのバウユで生まれた。パリ外国宣教会に入り，司祭に叙階されるやただちに宣教師として日本に派遣され山形県鶴岡市に赴任。のち，山形に移り白河教会を設立した。その後，鎌倉七里ヶ浜聖テレジア療養所付き司祭となり，1935年4月19日同所で死去。行年75歳。鎌倉市七里ヶ浜教会墓地に埋葬。

ティシェ (Tissier, Félix Dominique 1856-1895)

1856年4月4日フランス中央ヌヴェール県エピリー (Epiry, Nevers) で生まれた。ヌヴェール地方は陶器の生産地として有名である。パリ外国宣教会に入会，1881年司祭に叙階，翌年8月宣教師として日本に派遣された。長崎に赴任，宣教に従事したが1895年9月6日45歳で帰天。長崎坂本国際墓地に眠る。

ティリー (Thiry, Fernand Jean Joseph 1884-1930)

1884 年 9 月 28 日フランスのリール司教区で生まれた。パリ外国宣教会に入り，1907 年司祭となりただちに日本に派遣され長崎に赴任。同年，福岡教区の独立にともない初代司教に挙げられ翌年 1 月着座した。以来，同地域においてカトリック宣教につとめ 1930 年 5 月 10 日久留米において死去。行年 46 歳。長崎浦上天主堂内墓地に埋葬された。

デフレヌ (Deffrennes, Jean Baptiste Joseph 1870-1958)

1870 年 1 月 1 日北フランスのカンブレ (Cambrais, Nord) で生まれた。パリ外国宣教会に入り，1892 年司祭叙階されるやただちに宣教師として日本に派遣された。盛岡，新潟，会津若松の各地で宣教に従事したのち盛岡教会主任司祭に挙げられた。いったん帰国したが，1902 年再来日し一関教会を設立した。1904 年福島教会初代の常任司祭，さらに神学校校長として仙台に転じた。ついで，ジャッケ神父の後任として仙台元寺小路教会主任司祭に就任した。引退後，鎌倉聖テレジア七里ヶ浜病院付き司祭となったが，1958 年 11 月 7 日同病院内で死去。行年 88 歳。横浜山手外人墓地 10 区 70A に眠る。

デュツ (Duthu, Jean Baptiste Laurent 1865-1932)

1865 年 5 月 7 日フランス南西部ピレネー山脈の北麓に位置するタルブ (Tarbe) 教区で生まれた。パリ外国宣教会に入会し 1888 年司祭に叙階されただちに宣教師として日本に派遣された。高知，大阪，岡山，京都，大阪川口教会と各地において宣教に従事した。1932 年 4 月 11 日帰天した。行年 67 歳。大阪府豊中市服部霊園外人墓地 37 番に眠る。

トュルパン (Tulpin, Augustin 1853-1933)

1853 年 7 月 6 日フランスのオーマルヌ県ボアジー町で生まれた。1874 年パリ外国宣教会経営の神学校に入学，1877 年 2 月司祭となり同年 5 月オズーフ神父らと共に来日。秋田，盛岡，山形など東北地方を中心に宣教をおこない，1880 年東京浅草教会主任司祭に就任，1884 年には再度盛岡教会に転じた。

1887 年名古屋教会，1906 年には富山教会，さらに翌年東京麻布教会主任司祭となった。1932 年引退し麻布教会で余生を送り翌 1933 年 11 月 18 日 79 歳で帰天。東京青山霊園外人墓地に埋葬された。

ドシエ (Dossier, René François Frédéric 1878-1949)

1878 年 12 月 24 日フランスで生まれた。パリ外国宣教会に入り，1901 年司祭に叙階され宣教師として日本に派遣され函館に赴任した。1909 年盛岡教会主任司祭となったが，第一次世界大戦勃発に際し召集をうけ帰国。戦後，再来日し 1933 年鎌倉大町教会の主任司祭として着任したが，まもなく東京大神学校校長に挙げられた。1949 年 3 月 10 日入院先の新宿聖母病院において死去，府中カトリック墓地に埋葬された。行年 69 歳。

ドラエ (Delahaye, Lucien Adolph 1884-1957)

1884 年 9 月 18 日フランスのブローニュ地方で生まれた。パリ外国宣教会に入り 1909 年宣教師として来日。東京，八王子，前橋などの各地において宣教に従事したのち 1914 年クレマン神父の後任として静岡教会主任司祭に就任した。静岡市はもちろん浜松，清水，焼津，藤枝の各地を熱心に巡歴してカトリック思想の普及につとめた。第二次世界大戦中も日本に留まり 1945 年 6 月の静岡大空襲の際には必死で教会を火災から守ったと伝えられる。戦後，いったんフランスに帰ったが再び日本に戻り伊東市で新教会の経営に当たった。その後，1955 年宣教会静岡本部勤務を命じられたが 1957 年第二の故郷谷津に引退，余生を送った。1957 年 12 月 8 日帰天。行年 72 歳。静岡市谷津霊園に眠る。

ドラレ (Delalex, Jean Marie 1873-1901)

1873 年 5 月 11 日フランスのサヴォア・アルプス山中アヌシー湖に面した保養観光地で有名なアヌシー (Annecy) で生まれた。パリ外国宣教会に入会，1897 年司祭に叙階と同時に宣教師として日本に派遣された。長崎において宣教に従事，1901 年 8 月 2 日同地において死去。行年 21 歳の若さで帰天し周囲の人々から惜しまれた。墓碑不詳。

トランティニャック (Trintignac, Jean Pierre Marie 1872-1914)

1872 年 10 月 25 日フランスのロット川に沿ったマンド (Mand) で生まれた。パリ外国宣教会に入会し 1896 年司祭に叙階された。同年，ただちに宣教師として日本に派遣，はじめ京都に着任しその後鳥取に転じた。さらに，1897 年島根県玉造の孤児院付き司祭として赴任し 1899 年 3 月まで奉仕し宮津，舞鶴勤務を経て高知教会に移り 1905 年まで働いた。下関教会に勤めたが再度玉造教会に帰任した。1914 年 2 月 5 日帰天。行年 41 歳。大阪府豊中市服部霊園外人墓地 46 番に眠る。

ド・ロ (De Rotz, Marc Marie 1840-1914)

1840 年 3 月 27 日フランス・ノルマンディー地方バイユ近郊で生まれた。神学校を卒業後にパリ大学に進み, 1865 年司祭に叙階された。1868 年プティジャン師が帰国中に印刷技術を持った宣教師を募集したのに応じて来日した。長崎で宣教に従事したのち横浜に転じ日本最初の石版（平版）印刷を始め「聖務日課」,「教会暦」などを刊行した。1873 年旧浦上信徒らが釈放されたのを機会に長崎に帰り印刷物の発行をおこなった。住民を伝染病から救済するためド・ロ診療所を開設し社会福祉事業に挺身。1878 年外海（そとめ）教会主任司祭として赴任，黒崎，出津（しつ） 両教会の司牧の任に当たった。外海地域の住民たちに製麺・織機などの技術を伝え「ド・ロ様ソーメン」として現在に至るまで愛用されている。婦女子の教育にも熱心でその必要性を熱心に説き多大な効果を得た。1914 年 1 月 7 日長崎大浦天主堂建築現場において事故死した。遺骸は出津に運ばれ小高い丘陵にある共同墓地に埋葬された。出津教会には銅像が建立され，近くにはド・ロ神父記念館が設立されている。神父の遺品が多く残され遺徳を偲ぶ人々が跡を絶たない。

ノエル (Noël, Léonard André 1845-1874)

1845 年 7 月 6 日フランスのムーザン地方の中心地リモージュ (Limoges) 教区で生まれた。パリ外国宣教会に入会し 1868 年司祭に叙階された。1873 年宣教師として日本に派遣され大阪川口教会に赴任した。同地方の宣教に専念したが病弱で1874年11月24日神戸において24歳の若年で死去した。神戸市再度山修法ヶ原外人墓地6区72番に眠る。

バランシュ (Balanche, Honeste Sylvain 1853-1882)

1853年11月19日フランスで生まれ，1877年パリ外国宣教会から派遣されて来日。主として東京地方で宣教に従事したが1882年2月23日若冠29歳で死去。青山霊園外人墓地に埋葬。

◎ハルブ (Halbout, Augustin Pierre Adolph 1864-1945)

1864年11月2日フランス北西部セ (Sées) 教区で生まれた。セ町はアランソン北方のオルヌ川沿いにある古い町で13世紀のノートルダム聖堂があることで知られている。パリ外国宣教会に入り，1888年9月司祭に叙階されるやただちに宣教師として日本に派遣され翌年長崎に到着，大分県臼杵教会を経て1893年奄美大島知名瀬に赴任。教会建築にすぐれ，浦上・赤尾木・瀬留・大笠利の教会を設計。1920年，長崎黒崎教会に転任。1927年天草崎津教会に赴任した。1934年同教会天主堂を建設するなど大きな足跡をのこし日本滞在56カ年の生涯を終え1945年1月14日81歳で帰天。崎津教会の墓地に埋葬。この項は廣瀬敦子著『ハルブ神父の生涯』を参照して補訂。崎津教会のハルブ神父の墓所の写真は岡村和美撮影。

バレ (Balet, Etienne Léon 1870-1913)

1870年2月19日フランス南西部ガロンヌ川沿いの町アジュン (Agen) 教区で生まれた。同地方は農産物の集散地として有名。パリ外国宣教会に入会，1896

年6月司祭に叙階され翌月ただちに日本に派遣された。はじめ，長野県松本教会に赴任し宣教に従事したのち1901年東京に移り出版社「三才社」において雑誌「天地人」の編集に当たった。同誌廃刊後，オズーフ大司教の命により中国に渡った。1902年6月日本に帰り，横須賀教会主任司祭に着任し横浜・小田原などの周辺においても宣教につとめた。この間，横浜居住の中国人たちにもカトリック思想の普及につとめた。1905年，東京茗荷谷の育英塾長に転じ東京に移った。文筆活動にも熱心で哲学・歴史に関しての論文を多く発表した。1910年10月静岡教会主任司祭に挙げられた。1913年1月3日東京築地の聖路加病院（現在の聖路加国際病院）において死去。行年43歳。青山霊園外人墓地に眠る。

バレット (Balette, Justin 1852-1918)

1852年11月3日フランスのオート・ピレネ県アルシザック村で生まれた。パリ外国宣教会に入り，1876年12月司祭に叙階され翌年5月宣教師として日本に派遣された。東京において宣教に従事するかたわら教師は彼一人のフランス語学校を開設した。1918年1月29日帰天。行年66歳。東京青山霊園外人墓地に眠る。

ビリエ (Billiet, Jacques Ernest 1871-1908)

1871年11月15日フランスのタランテーズ (Tarentaise) 地方で生まれた。パリ外国宣教会に入会，1894年7月司祭に叙階されるやただちに宣教師として日本に派遣され函館に赴任した。同地において宣教生活を送り1908年9月26日札幌で帰天。行年36歳。墓碑不詳。

◎ビリオン→ヴィリオンを参照

ビリング (Billing, Auguste Lucien 1871-1955)

1871年2月16日フランス・ストラスブールで生まれた。パリ外国宣教会に入会，1895年司祭となり日本に宣教師として赴任。東京において宣教に従事したが，第一次世界大戦が勃発し召集をうけて帰国。戦後，再び来日して沼津，浜松，静岡，横須賀の各地に勤務したのち，川崎の聖体礼拝会付き司祭となった。1952 年都下清瀬の聖ベトレヘムの園に移り後輩の指導に当たった。1955 年 7 月 5 日死去。府中カトリック墓地に埋葬された。行年 84 歳。

ビロー (Birraux, Joseph François 1867-1950)

1867 年 7 月 16 日フランスで生まれた。パリ外国宣教会に入会，1890 年司祭に叙階と共に宣教師として日本派遣を命じられた。広島、宇和島，京都，津，大阪などの各地において宣教に従事した。1950 年 11 月 9 日大阪で帰天。行年 82 歳。小野浜外人墓地に埋葬されたがのち再度山修法ヶ原外人墓地 B2 区に改葬された。

ファヴィエ (Favier, Joseph 1865-1938)

1865 年 10 月 16 日フランスのオート・ロアール県で生まれた。1884 年パリ外国宣教会神学校に入学，1888 年司祭に叙階。翌年日本に宣教師として派遣され函館に赴任し日本語習得に励み，巡回転宣教師として秋田県下において宣教に従事した。1892 年福島県会津若松教会の主任司祭となったが病気となり療養のため帰国。回復後，再来日をはたし 1915 年 1 月青森県弘前教会の主任司祭に挙げられ 1931 年 5 月まで在任。のち，東京に移り東京カトリック神学校でラテン語ほかを教えた。1938 年 5 月 9 日胃癌のため死去。行年 74 歳。府中カトリック墓地に埋葬。

◎ブイージュ (Bouige Henri, Léon 1868-1922)

1868 年 7 月 8 日フランス中部アリエ県のエネ・ル・シャトーに生まれる。14 歳から 4 年間県都ムーランで学び，ローヌ県のドミニコ派の神学校で教えたあと，パリ外国宣教会の宣教師として，1894 年 8 月 15 日に長崎へ向けて派遣。ラゲ神父の指導を受け，半年後には，大分県に赴任。1902 年に，グラシィ神父とともに，徳之島の福音宣教のために赴くが，さまざまな困難のために奄美大島の瀬木留部（現在の瀬留）に定着。パリ外国宣教会の支援とハルブ神父の助力を得て教会と小さな神父館を建設。瀬木留部に 19 年とどまり，1922 年 7 月 12 日帰天。行年 54 歳。瀬留教会の墓地に埋葬。この項はパリ外国宣教会のサイト https://www.irfa.paris/fr/fiches-individuelles/bouige から抜粋。瀬留教会に建つブイジュ師記念事業碑文には，7 月 11 日に亡くなったと記されている。

◎フェリエ (Ferrié, Bernard Joseph 1856-1919)

1856 年 8 月 10 日フランスのアビロン県ガラゼで生まれた。1877 年パリ外国宣教会に入り，1880 年司祭に叙階。翌年，宣教師として日本に派遣，1881 年 1 月 15 日長崎に到着し天草全島の司牧を命じられて赴任した。以後，7 年間宣教に当たり大江及び崎津の教会の聖堂を建立するなど同地方に大きな足跡を残した。1891 年奄美大島に渡り 1894 年同地に聖堂を創建した。1914 年には奄美には 3500 人をこす信者が誕生した。フェリエ神父は「奄美大島の使徒」として人々に敬愛された。1900 年過労のため倒れ療養のためフランスに帰ったが，1902 年再び来日して島民に接した。結局，病弱を憂慮した司教の命令で熊本教会に転任となり治療にも当たったが 1919 年 1 月 26 日熊本で死去した。行年 62 歳。墓碑不詳。

ブスケ (Bousquet, Marie Julien Sylvian 1877-1943)

1877 年 11 月 19 日フランス・アヴァロン県で生まれた。19 歳でパリ外国宣教会神学校に入学しカトリック神学を修め 1901 年司祭となった。同年宣教師として来日，神戸において日本語を学んだのち鳥取に赴任した。さらに岡山に転じたがまもなく大阪川口教会に招かれた。文才にもすぐれ聖テレジアの伝記「小さき花」の翻訳で有名となった。夙川教会を設立し多くの信者を獲得したが第二次世界大戦中 1943 年 2 月憲兵隊に拉致され拷問のすえ衰弱死した。行年 65 歳。西宮市夙川満地谷墓地に眠る。

◎プティジャン (Petitjean, Bernard Thadée 1829-1884)

1829 年 6 月 14 日フランスのブランジー村 (Blanzy-sur-Bourbince, Autun) で生まれた。1853 年 5 月司祭となり，1860 年宣教師として日本に派遣されたが入国をはたせず那覇で待機，1863 年長崎に上陸，フューレ神父を助けて大浦天主堂を竣工させ 1865 年 2 月 19 日献堂式を挙行するに至った。見物に集まったなかに旧キリシタンがいたことが確認された。1866 年日本教皇代理に任命され香港において司教の叙階式が挙げられた。1867 年に起こった「浦上四番崩れ」が起こりローマ法王ピオ 9 世に謁見を許された際その報告をおこなった。帰途，日本宣教のためド・ロ神父を伴い帰任した。1869 年ローマに渡航中に浦上信徒 300 余名が逮捕されたことを知り急遽日本に帰り信徒の釈放に力をつくした。1873 年 3 月 14 日太政官布告により信徒が釈放されるや，パリの本部に打電して報告した。1884 年 10 月 7 日長崎において帰天。行年 54 歳。長崎大浦天主堂内に埋葬。なお，同教会の門前にはプティジャンの記念像が建立されている。

プトー (Puthod, Claude Eugène 1855-1882)

1855 年 3 月 12 日フランスで生まれた。パリ外国宣教会に入会し 1879 年 9 月司祭に叙階，同年 11 月日本派遣を命じられ長崎に着任した。同地において宣教に従事したが 1882 年 12 月 10 日長崎で死去した。行年 21 歳。大浦天主堂内教会墓地に埋葬。

◎ブランギェ (Brenguier, François Xavier Louis 1871-1946)

1871 年 10 月 11 日南フランスのトゥールーズ北東アヴェイロン川沿いのロダス (Rodez, Aveyron) で生まれた。ロダスは 13 世紀のノートルダム大聖堂があることで有名である。パリの南方約 600km に位置する。パリ外国宣教会に入り，1894 年 9 月司祭に叙階されるやただちに日本に宣教師として派遣された。同年，12 月に長崎に到着，奄美大島，鹿児島，熊本県下の各地で宣教生活を送り，1911 年大分教会を設立した。第一次世界大戦勃発の際には看護兵として召集され戦後再び来日し大分，福岡県中津や宮崎県下において宣教生活を送るかたわらフランス語教師として商業専門学校などで生徒の指導に当たった。その後，大分，佐賀，宮崎サレジオ会などの司牧を任せられて献身的な働きの末, 1946 年 4 月 5 日帰天した。行年 75 歳。

ブルトン (Breton, Albert Henri Charles 1882-1954)

1882 年 7 月 16 日フランスのサンタングルベール (St-Inglevert, Arras) で生まれた。アラスの神学校で神学を学んだのち, 1901 年パリ外国宣教会に入会した。1905 年 6 月司祭に叙階，同年 8 月日本派遣を命じられ函館に赴任した。翌年新潟, さらに 1907 年には青森県弘前に転任した。1908 年青森に赴任フォーリー神父のもとで助任司祭をつとめたが小児麻痺を発病し，治療のためにフランスに帰国した。アメリカ経由で日本に帰り途中カリフォルニアの日本からの移民の実情を視察して帰任した。鎌倉七里ヶ浜に土地を求め聖テレジア療養所を設立，鎌倉教会および東京本郷教会の司祭を兼任した。1931 年福岡司教に任ぜられ福岡に転じた。1940 年引退。第二次世界大戦中も日本に留まったが一時スパイの疑いで憲兵隊に逮捕されたことが伝えられている。1954 年 8 月 11 日鎌倉において帰天。行年 71 歳。鎌倉七里ヶ浜聖テレジア教会墓地に眠る。

◎フレスノン (Fressenon, Joseph 1878-1936)

1878 年 11 月 14 日フランス中部ロアール県のサン・ジュリアン・モラン・モレット（Saint-Julien-Molin-Molette) にて出生。1902 年にパリ外国宣教会の司祭に授階。1903 年 4 月長崎に向け出発。奄美大島浦上に赴任。1907 年名瀬に転任。1914 年から 18 年まで第一次世界大戦に従軍。長崎県飽の浦教会に赴任し，1929 年久留米に転任。

久留米で1936年1月6日帰天。この項は，パリ外国宣教会のサイト https://www.irfa.paris/fr/fiches-individuelles/fressenon からの抜粋。

フレノ (Fraineau, Pierre Théodore 1847-1911)

1847年10月10日フランスで生まれた。パリ外国宣教会に入会し1871年司祭に叙階，1873年5月日本派遣を命じられた。長崎に着任，浦上信徒の病者の面倒を見たのち五島列島担当となった。1879年マルマン神父に引き継ぎ，長崎に転じてラテン神学校校長に就任。再度，五島列島担当となり，その後浦上地区に転任して天主堂建立に着手，資金集めに苦労しながらキリシタンゆかりの地に壮大な天主堂を完成させた。原爆の被災のため全壊するまでその威容を誇った。1911年1月24日長崎浦上において死去。行年64歳。浦上天主堂内に眠る。

ブレル (Bourelle, Auguste Florentin 1847-1885)

1847年4月22日フランス (Hermonville, Reims) で生まれた。パリ外国宣教会に入会，1874年司祭に叙階され，1876年日本派遣を命じられた。長崎五島列島の旧隠れキリシタンへの宣教に従事，鯛ノ浦養育園や伝道婦養成所などを設立した。1885年4月16日出津でおこなわれたパリ外国宣教会の宣教師たちの会合に出席するための迎えの小船が転覆し水死した。行年38歳。南松浦郡鯛ノ浦に埋葬され，1887年村人達の手により神父を悼む記念碑が建立されたが，共に乗船していた若者12人の墓も建立された。

フロージャック (Flaujac, Joseph Marius Charles 1886-1959)

1886年3月31日フランス南部のロデス町で生まれた。パリ外国宣教会に入り，同会経営の神学校に学んだ。1909年司祭となり，同年宣教師として日本に派遣された。来日当初は横浜に居住したが，翌年宇都宮教会に転任し北関東地方を中心に宣教に従事した。1929年身寄りのない結核患者を引き取り東京小石川に収容施設をつくり「ベタニアの家」の源流となった。さらに，都下清瀬町に児童福祉施設「ナザレトの家」および療養施設「ベトレヘムの園」をそれぞれ設立した。東京地方における社会福祉思想の普及に貢献をはたした。

1959年12月12日清瀬の「ベタニアの家」において帰天。73歳。死去に際し日本政府から勲四等瑞宝章が贈られた。1959年朝日賞授与。東京府中カトリック墓地に眠る。

ペラン (Perrin, Henri Pierre Marie 1858-1939)

1858年12月27日フランスのリヨン教区で生まれた。パリ外国宣教会に入会し1884年宣教師として来日した。はじめ，大阪川口教会に着任したがまもなく神戸居留地内の教会に転じた。その後，各地において宣教生活を送り1939年8月21日死去。行年80歳。神戸市再度山修法ヶ原外人墓地に眠る。

ベルジェ (Berger, Jean Baptiste Marie Philipe 1864-1891)

1864年6月6日パリで生まれた。1887年パリ外国宣教会宣教師として来日し東京で宣教につとめたが1891年1月18日26歳の若さで死去した。東京青山霊園外人墓地に眠る。

ベルトラン (Bertrand, Joseph Jean Augustin 1867-1916)

1867年12月14日フランスで生まれた。パリ外国宣教会に入会し1890年司祭に叙階。同年12月宣教師として来日，静岡県御殿場の神山復生病院勤務となり，のち同病院院長に就任した。過労のため健康を害し香港で治療に当たり，快復後御殿場に帰ったが1916年4月12日49歳で帰天。神山復生病院墓地に埋葬された。

◎ボネ (Bonnet, Maxime Jules César 1878-1959)

1878年2月28日フランス北東部ブザンソンで生まれた。パリ外国宣教会神学校で学び，1963年23歳で司祭となった。同年宣教師として長崎に派遣され，のち奄美大島に転任宣教に従事した。第一次世界大戦中は帰国したが，終戦後再度奄美に帰任した。その後，平戸や福岡県下において宣教生活を送り晩年福岡県行橋市の新田原(しんでんばる)

教会で奉仕した。1959年3月19日帰天。行年80歳。新田原教会墓地に眠る。

ボンヌ (Bonne, François 1855-1912)

1855年5月25日フランスのシャンベリー (Chambery) 教区で生まれた。同地はアルプス山脈西麓の交通の要衝で，かつて1232年から1562年までサボイア公国の首府であった。パリ外国宣教会に入り，1879年司祭に叙階され同年宣教師として日本に派遣された。はじめ，天草に赴任し1882年長崎神学校校長に就任し自ら神学・哲学を講義した。1910年東京司教に転じ北日本代牧区第三代司教に挙げられた。1912年1月11日東京において死去。行年56歳。青山霊園外人墓地に眠る。

マイエ (Mayet, Gustave 1890-1969)

1890年2月14日フランスで生まれた。1910年パリ外国宣教会に入会したが翌年から兵役に服し第一次世界大戦が終了するまで看護兵として従軍した。1919年帰国し再びパリ外国宣教会に復帰し1921年司祭に叙階，同年日本派遣を命じられた。東京関口教会で宣教をおこない，ついで高円寺教会主任司祭に転じた。1932年東京保育専修学校を創立。東京保育専門学校の前身である。1969年7月10日帰天。行年77歳。府中カトリック教会に眠る。

マトン (Mathon, Remi Louis 1869-1945)

1869年5月2日フランスで生まれた。パリ外国宣教会に入会，1894年司祭に叙階，同年宣教師として日本に派遣された。新潟，山形，青森など東方地方においてカトリック宣教に従事したのち1931年神奈川県小田原教会に転じた。1945年3月24日死去。行年77歳。府中カトリック墓地に眠る。

マリ (Marie, Louis Consant Félix 1863-1922)

1863年12月18日フランスのノルマンディー地方北西部バイユ (Bayeux) で

生まれた。パリ外国宣教会に入り，1888 年 9 月司祭に叙階されるやただちに日本に派遣され翌年 1 月来日した。はじめ，京都，ついで 1894 年島根県玉造，1900 年広島と各地において宣教生活を送った。1922 年 5 月 3 日 58 歳で死去。神戸再度山修法ヶ原外人墓地 B2 区に眠る。

マルタン (Martin, Jean Marie 1886-1975)

1886 年 6 月 8 日フランスのタルプ教区で生まれた。パリ外国宣教会に入会して 1910 年 3 月司祭に叙階され同年 5 月に宣教師として日本派遣を命じられた。宮崎，鹿児島において宣教に従事した。第一次世界大戦勃発時には召集をうけ，フランスに帰り看護兵として従軍した。戦後，再び来日鹿児島に帰任したがまもなく門司教会に転任して同地に教会を設立するなど大きな足跡をのこした。1932 年以降，ラゲ神父と共にフランス語辞書の編纂につとめラゲ神父の編纂した「仏和大辞典」を改訂して 1953 年出版した。1950 年鎌倉七里ヶ浜の聖母訪問会修道院つき司祭に転じた。1975 年 1 月 25 日帰天。横浜山手外人墓地に隣接したカトリック墓地に埋葬された。行年 88 歳。

◎マルマン (Marmand, Joseph Ferdinand 1849-1912)

1849 年 3 月 26 日フランス・ベレ (Belley) 教区で生まれた。パリ外国宣教会に入会，1876 年 9 月司祭に叙せられ，同年 11 月宣教師として日本に派遣された。長崎五島列島地区の主任司祭として着任し奥浦慈恵院を創立した。近隣の女性たちを集め修道的共同体を結成し「お告げのマリア修道会」に発展させた。1888 年伊王島に転じ教会を設立したが 1937 年台風により倒壊した。1892 年奄美大島に移り，さらに佐世保の黒島教会に転任した。1912 年 8 月 23 日帰天。行年 62 歳。黒島教会共同墓地に眠る。

ミュッツ (Mutz, Charles 1839-1898)

1839 年 1 月 27 日フランスで生まれた。パリ外国宣教会に入会，1885 年 9 月司祭に叙階されるや同年11月に宣教師として日本派遣を命じられた。福山，岡山，山口の各地で宣教に従事したのち1892年大阪に転じ，1898年9月3日大阪で死去した。行年59歳。神戸市再度山修法ヶ原外人墓地6区50番地（小野浜外人墓地より改葬）に眠る。

◎ムニクゥ (Mounicou, Pierre 1825-1871)

1825年3月4日フランスのルールド近くのオサンで生まれた。パリ外国宣教会に入会，1848年3月司祭に叙階されるやただちに宣教師として東洋宣教のため派遣された。香港に着任したが日本開国の報に接しフランス海軍軍艦に搭乗して函館に向かい，上陸して傷病兵を見舞い那覇に帰港した。1860年ジラール神父の招きに応じ横浜に着任した。その後，開港直後の神戸に赴任し天主堂建設など多大な功績を残した。神戸三宮の「七つの御悲しみの聖母教会」がその後身である。1871年10月16日神戸で死去。行年46歳。教会内墓地に埋葬されたが，のち再度山修法ヶ原外人墓地に改葬された。

メイラン (Mayrand, Augustin Placide 1866-1949)

1866年9月5日フランスのカホル教区ロット県キュザク (Cuzac) 村で生まれた。1885年パリ外国宣教会経営の神学校に入学1889年卒業した。同年，司祭となるや宣教師として日本に派遣。横浜に着任しカディヤック神父のもとで宣教に従事した。のち，八王子教会主任司祭として赴任し同地方におけるカトリック思想の普及につとめた。1936年フロージャック神父を補佐するため東京都下清瀬のベトレヘムの園に転任した。1949年11月2日死去し府中カトリック墓地に埋葬。行年83歳。ゆかりの地八王子市内丸山墓地にも分骨埋葬された。

モージャンル (Maugenre, Edouard 1892-1960)

1892年3月6日フランスのヴォージュ県で生まれた。パリ外国宣教会に入り1923年司祭に叙階されるや直ちに宣教師として日本に派遣され函館に赴任した。同地区がドミニコ会の担当となったため東京に移り麻布教会や関口教会において司牧に当たった。さらに，横浜の若葉町教会に転任し戦災で焼失した教会の復興に尽力し現在の末吉町教会を建設した。その後，静岡県浜松教会，函館の室蘭町教会などにおいて宣教に従事した。1958 年発病して東京江古田の「ベタニアの家」で静養中 1960 年 6 月 20 日 68 歳で帰天。府中カトリック墓地に眠る。

ユット (Hutt, Alfred Joseph 1874-1956)

1874 年 6 月 1 日フランスで生まれた。1898 年司祭に叙階，同年パリ外国宣教会から派遣され宣教師として来日し函館に赴任，のち室蘭を経て旭川において宣教に従事した。1921 年再度函館に帰任し 1931 年まで同地においてカトリック宣教に専念。その後，京都に転任し宣教を行い引退後は東京に移った。1956 年 12 月 19 日東京郊外清瀬で死去した。行年 82 歳。府中カトリック墓地に眠る。

◎ラウ (Raoult, Gustave 1866-1950)

1866 年 4 月 8 日オルヌ県アランソンで生まれた。1896 年 10 月 21 日にパリ外国宣教会から長崎に派遣された。1899 年フェリエ神父の帰国療養中の代理として奄美大島，1907 年に豊後，1913 年に人吉，1918 年に久留米で主任司祭となる。1929 年に大牟田に移動。最後は人吉に戻って宣教に従事した。1950 年 1 月 1 日死去。行年 83 歳（この項は，パリ外国宣教会のサイト，https://www.irfa.paris/fr/notices/notices-biographiques/raoult からの抜粋)。奄美の瀬留教会の記念碑には,「ラウル　スタウ神父」と記されている。

ラゲ (Raguet, Emile 1854-1929)

1854 年 10 月 24 日ベルギーで生まれた。1877 年パリ外国宣教会に入会，1879 年司祭に叙階と共に日本派遣を命じられた。長崎で日本語を修めたのち平戸教会に赴任，さらに宮崎に転じ同地に教会を設立したのちさらに鹿児島に転任した。以来，1911 年まで鹿児島教会主任司祭としてカトリック思想の普及に貢献した。布教のかたわら「仏和大辞典」の編纂に専念し同辞書は「ラゲ仏和辞典」として親しまれ 1920 年 J.M. マルタン (Martin, Jean Marie 1886-1975) により改訂され現在に至っている。1928 年東京大森の訪問童貞会修道院に隠棲し，翌年 11 月 3 日帰天。行年 75 歳。東京府中カトリック墓地に眠る。

ラフォン (Lafon, Jean Henri 1857-1947)

1857 年 2 月 21 日フランスのアヴァロン県セルグ村で生まれた。パリ外国宣教会に入会し 1881 年司祭に叙階と共に日本派遣を命じられた。東京神田教会で日本語を修じたのち盛岡教会に赴任した。のち，会津若松教会最初の常任司祭に就任した。会津地方のほかに山形，米沢などの各地にも出張し多忙な宣教生活を過ごした。1892 年仙台元寺小路教会に転じたがまもなく函館に移り，1895 年札幌教会の主任司祭に挙げられ以来 20 年間にわたって同地方で宣教に当たった。1936 年都下清瀬教会司祭となり，「ベトレヘム園病院」において患者の世話に没頭し，1947 年 3 月 20 日同病院において帰天。行年 90 歳。府中カトリック墓地に眠る。

ラリュー (Larrieu, Jean François 1900-1942)

1900 年 1 月 14 日フランスで生まれた。パリ外国宣教会宣教師として 1927 年来日，東京，沼津，横浜の各地において宣教に従事した。1933 年から 1937 年まで沼津教会に在任し，同地に静岡県下最初の幼稚園を開設，「暁の星」と名付けて大いに発展した。カトリック教会における偉大な指導者として公理要理の解説にもすぐれ幾多のすぐれた聖職者を育成した。1937 年横浜に転じたのち，1942 年 3 月 9 日東京で死去。行年 35 歳。横浜山手外人墓地 10 区 93B に眠る。

◎リシャール (Richard, Henri-Jean-Louis 1867-1910)

1867 年 11 月 5 日にフランス，アヴェイロン県のヴァルゼルグに生まれる。1893 年 10 月 15 日司祭となる。同年 12 月 6 日に長崎へむけて派遣される。日本語を学んだ後，1895 年 11 月に浦上で宣教に従事。大熊に見事な小教区を育てる。進取の気性と熱意によって，沖縄を含むいくつもの島の福音宣教を試みるも成果は得られなかったが，嘉渡において多数の改宗者を得た。病気のため 1904 年に帰国。1910 年 7 月 7 日，旅行中に死去し，タルン・エ・ガロンヌ県のサン・ラファエル・ア・モンベトンのサナトリウムの墓地に葬られた。行年 42 歳。この記事は，パリ外国宣教会のサイト https://www.irfa.paris/fr/notices/notices-biographiques/richard-3 による。奄美大島の瀬留教会の記念碑には「アンリ　リツシヤル神父」と刻まれている。

リスパル (Rispal, Justin Regis Henri 1867-1896)

1867 年 12 月 1 日フランスのロアーヌ地方で生まれた。パリ外国宣教会に入会, 1891 年 9 月司祭に叙階されただちに日本派遣を命じられ翌年 1 月来日した。はじめ，新潟教会のルコント神父のもとで日本語を学び 1893 年盛岡四ツ家教会に赴任し，岩手県下各地において宣教に従事した。植物採集家で有名であったフォーリー神父を手伝い県下の植物採集につとめた。1896 年 6 月 15 日宣教に従事中釜石地方を襲った大地震のため事故死した。行年 28 歳。記念碑が四ツ家教会に建立されたが 1978 年同教会が改修された際釜石教会に移された。

ルセル (Roussel, Alfred Marie Emmanuel 1864-1939)

1864 年 12 月 26 日フランス・セーヌ河口近くの工業都市で知られるローアン (Rouen, Seine-Inf.) で生まれた。パリ外国宣教会に入会，1889 年叙階され，日本派遣を命じられ宣教師として来日。長崎神学校で教えたのち、東京本郷に移り神学生の面倒を見ることとなった。1900 年宣教師をやめ宣教会も脱会した。のち，東京商科大学（現在の一橋大学）などでフランス語・ラテン語などを教授。1939 年 2 月 15 日死去。行年 74 歳。府中カトリック教会に眠る。

ルノー (Luneau, Anselme Marie Celestin 1848-1914)

1848年7月25日フランスのルソン教区モルメゾン (Mormaison, Lucon) で生まれた。パリ外国宣教会に入会し1875年司祭に叙階されるやただちに宣教師として日本に派遣され大阪川口カトリック教会に着任した。のち，神戸や岡山に転じ宣教生活を送り1914年再び大阪川口教会に帰任したが同年9月12日死去。行年66歳。大阪市阿倍野外人墓地に埋葬されたが，のち豊中市服部霊園外人墓地47番に改葬。

ルマレシャル (Lemaréchal, Jean Marie Louis 1842-1912)

1842年6月12日フランス・ブルターニュ地方のレンヌ (Rennes) 司教区で生まれた。1866年司祭に叙階し生地の教会で働いたのち1869年パリ外国宣教会に入会，翌年宣教師として日本に派遣された。長崎浦上で旧キリシタン信徒の担当となり彼らの相談役として献身，1874年横浜に転任，さらに盛岡や仙台など各地で宣教生活を送り1888年横浜サン・モール修女会司祭となった。オズーフ大司教の副代牧として働くかたわら「和仏大辞典」編纂に心血をそそぎ1904年刊行するに至った。1906年オズーフ神父の跡を継いだが，健康を害し1908年静岡に隠棲し療養したがその甲斐もなく1912年3月29日死去した。行年69歳。静岡市沓谷（くつのや）霊園カトリック墓地に眠る。

ルモアーヌ (Lemoine, Clémenth Joseph 1869-1941)

1869年8月29日フランス北西部ブルターニュ地方イエル・ヴィレン県セイジオージ町で生まれた。1894年パリ外国宣教会神学校を卒業し司祭に叙階されると同時に宣教師として日本に派遣された。東京に居住し，N.ペリ神父らと共に文書による宣教活動に専念した。1898年機関紙「天地人」を刊行。さらに，京都で出版されていた「声」を東京に移しルモアーヌ神父が主宰することとなった。1898年東京銀座に出版社「三才社」を設立しフランス図書の販売をおこない，フランス文化の移入に貢献すると共に仏文雑誌「Mélanges Japonais」を刊行，自らもさかんに作品を発表した。その後，「声」の編纂をシュタイシェン神父に譲り名古屋に転任，第一次世界大戦中は召集をうけて帰国，ブルターニュの陸軍病院で看護兵として従軍。終戦後，再来日し横浜山手教会に着任，病身のエヴラール神父を補佐し師の没後は主任司祭に就任した。その後，サンモール修女会の仕事を助けることとなり，1923 年 9 月 1 日の関東大地震で倒壊した司祭館の復興に尽力した。1941 年 8 月 10 日東京新宿の聖母病院で 72 歳で帰天した。横浜山手外人墓地に眠る。

ルラーヴ (Relave, Jean Louis 1857-1941)

1857 年 12 月 17 日フランス南部リヨン市郊外のサン・テアン村で生まれた。パリ外国宣教会経営の神学校に学び，1885 年司祭となった。ただちに，宣教師として日本に派遣され京都において宣教生活を送った。のち，宮津教会に転任し生涯を同地ですごした。キリスト教宣教のかたわら教育活動にも熱心で暁星女子高等学校を創立するなど女子教育に献身した。1940 年健康を害し大阪の聖母病院で加療中翌 1941 年 2 月 1 日死去。行年 83 歳。遺言により遺骸は宮津に運ばれ惣村の教会墓地に埋葬された。墓前に詣でた上智大学 H. ホフマン先生の美しい文章がある。

レイ (Rey, Jean Pierre 1858-1929)

1858 年 11 月 3 日フランス・ジュリエナスで生まれた。パリ外国宣教会に入会，1882 年司祭に叙階，ただちに宣教師として日本に派遣された。1882 年東京浅草の児童福祉施設に勤務，同施設が関口台町に移転，子供たちに自立すべくパン製造と大工仕事などを習得させせた。とくに，パン製造は成功をおさめ「関口パン」の愛称で呼ばれるほど周囲の住民たちの評判となった。1912 年ボンヌ神父の跡を継ぎ東京大司教に挙げられ 1926 年に引退するまで重要な任務を遂行した。1929 年 5 月 25 日帰天。行年 71 歳。東京青山霊園外人墓地に眠る。

レイ (Rey, Joseph Anselme 1862-1928)

1862 年 4 月 19 日フランスのアヴィニヨン教区で生まれた。パリ外国宣教会に入会し 1886 年司祭となる。1889 年宣教師として来日，島根県下の松江教会および玉造教会などにおいて宣教に従事した。1928 年 6 月 12 日死去。行年 66 歳。神戸市再度山修法ヶ原外人墓地 B2 区に眠る。

レスネ (Laisné, Victor Joseph 1873-1909)

1873年10月16日フランスのノルマンディー地方クータンス，Coutances)で生まれた。パリ外国宣教会に入り，1893年司祭に叙階されるやただちに宣教師として日本に派遣され大阪，神戸において宣教に従事した。1909年10月27日神戸で死去。行年36歳。神戸市再度山修法ヶ原外人墓地に眠る。（墓碑未確認）

レゼー (Lezey, Lucien Drourat de 1849-1930)

1849年4月27日フランスのノール・ドンケルク市で生まれた。1869年パリ外国宣教会に入会，1873年司祭叙階とともに日本派遣を命じられた。甲信越地方において宣教生活を送ったのち，東京に転じ関口教会主任司祭に就任した。1918年静岡県御殿場神山復生病院院長に挙げられ救ライ活動に献身した。1930年11月3日神山病院において帰天。行年80歳。同病院墓地に眠る。

ローケーニュ (Laucaigne, Joseph Marie 1838-1885)

1838年5月13日フランス南部タルブ・ルルド司教区ガルデールで生まれた。パリ外国宣教会に入会，1862年司祭となり翌年宣教師として来日した。横浜，名古屋において宣教生活を送ったのち長崎に転じプティジャン神父を補佐して旧浦上キリシタン信徒の指導に当たった。1876年大阪勤務となり2年間を過ごしたが1884年4月長崎に赴きプティジャン師の最後を看取った。1885年1月18日丹毒症のため帰天した。行年46歳。大阪市無原罪の御孕り聖堂に眠る。

ロジェ (Roger, Mathurin 1855-1885)

1855年1月8日フランス西部ロアール河口に近い商業都市ナント教区で生まれた。パリ外国宣教会に入会し1880年司祭に叙階された。翌年，宣教師として日本に赴任，横浜，名古屋で宣教に従事したのち長崎に転じプティジャン神父を補佐し旧浦上キリシタン信徒の教導に当たった。1876年大阪勤務となり二年間過ごしたのち再び長崎に帰りプティジャン師の最後を看取った。1885年1月18日死去。行年46歳。大阪市無原罪の御孕り聖堂内に眠る。

翻訳にあたって参照した文献

アクゼル，アミール・D（林大訳）『神父と頭蓋骨』早川書房（2011年）
奄美福音宣教100周年記念誌編集部『［カトリック］奄美100年』奄美宣教100周年実行委員会（1992年）
安斎伸『南島におけるキリスト教の受容』第一書房（1984年）
安野真幸『バテレン追放令』日本エディタースクール出版部（1989年）
池田敏雄『ビリオン神父』中央出版社（1960年）
石川政秀『沖縄キリスト教史』いのちのことば社（1994年）
井上和夫『切支丹の犯科帳』人物往来社（1963年）
井上章一『キリスト教と日本人』講談社（2001年）
岩崎京子『ド・ロ神父と出津の娘たち』女子パウロ会（2014年）
岩本信夫『中国における外国人宣教師の殉教』聖母文庫（2005年）
岩永静夫『出津教会誌』出津カトリック教会（1983年）
ヴォルペ，アンジェラ『隠れキリシタン』南窓社（1994年）
オーベール，ロジェ他『キリスト教史』上智大学中世思想研究所（編訳・監修）（1997年）
文英吉『奄美大島物語（増補版）』南方新社（2008年）
カー，ジョージ・H（山口栄哲訳）『沖縄――島人の歴史』勉誠出版（2014年）
片岡弥吉『かくれキリシタン――歴史と民俗』日本放送出版協会（1975年）
カトリック山手教会『横浜天主堂・カトリック山手教会150年史』（2014年）
嘉納大作・上里隆史『琉球王朝のすべて』河出書房新社（2012年）
狩谷平司『ビリヨン神父の生涯』カトリック浦上教会（2015年再版）
岸上英幹『乙女峠』サンパウロ（2004年）
キリスト教史学会編『宣教師と日本人』教文館（2012年）
小坂井澄『お告げのマリア』聖母文庫（2007年）
柴田三千雄・樺山紘一・福井憲彦『フランス史（世界歴史体系）（2）16世紀～19世紀なかば』山川出版社（1996年）

純心女子短期大学長崎地方文化研究所編『プティジャン司教書簡集』（1986年）
ジェフリー・エリス（杉本淑彦・中山俊訳）『ナポレオン帝国（ヨーロッパ史入門）』岩波書店（2008年）
新カトリック大事典編集委員会『新カトリック大事典』研究社（1996年）
助野健太郎（編者代表）『切支丹風土記 別巻研究編』宝文館（1960年）
瀬留カトリック教会記念誌編集委員会『瀬留カトリック教会献堂100周年記念誌』（2009年）
高木一雄『明治カトリック教会史』教文館（2008年）
高木一雄『日本カトリック教会復活史』教文館（2008年）
豊見山和行（編）『琉球・沖縄史の世界』吉川弘文館（2003年）
中野廣『旅する長崎学』長崎文献社（2006年）
ニエト，クラウディオ（久富紀子訳）『ドミニコ会の愛と受難』聖ドミニコ会（1972年）
半田元夫・今野國雄『キリスト教史（世界宗教史叢書）』山川出版社（1977年）
廣瀬敦子『ハルブ神父の生涯』サンパウロ（2004年）
フォルカード，テオドール・オーギュスタン（中島昭子・小川小百合訳）『幕末日仏交流記』中公文庫（1993年）
フランシスク・マルナス（久野桂一郎訳）『日本キリスト教復活史――みすず書房（1985年）
マックスウェル-スチュアート，P・G（高橋正男監修・月森左知・菅沼裕乃訳）『ローマ教皇歴代誌』創元社（1994年）
宮里厚子「19世紀におけるフランス人宣教師の琉球滞在について」『仏蘭西學研究』第43号（2017年）
宮下正昭『聖堂の日の丸』南方新社（1999年）
森田孟進「フランス語の文献に表れた『琉球』のImage」第63回九州フランス文学会（2016年）
矢沢利彦『中国とキリスト教』近藤出版社（1972年）

プロフィール

著者　A. ハルブ神父 (Halbout, Augustin Pierre Adolph 1864-1945)

1864年11月2日フランス北西部セ (Sées) 教区で生まれた。パリ外国宣教会に入り，1888年9月司祭に叙階されるとただちに宣教師として日本に派遣され，奄美と長崎で大きな足跡をのこした。奄美では「赤ひげ神父様」と呼ばれ，地元の人と区別がつかないほど上手に島ことばを話し，西洋野菜の作り方を教えるなど親しまれた。いくつもの教会建築を手がけた。熊本県天草の崎津教会で日本滞在56カ年の生涯を終え1945年1月14日帰天した。名前のフランス語読みはアルブーだが，日本では本人もハルブで通していた。

訳者　岡村和美（おかむら・かずみ）

九州大学文学部仏文学科卒業。山口日仏協会理事。樋口かずみの筆名で，『九州文学』同人を経て，『文芸山口』同人。

監修者　安渓遊地（あんけい・ゆうじ）

母方の祖父が，加計呂麻島西阿室出身。人類学専攻。奄美沖縄と熱帯アフリカで人と自然の関係を研究。京都大学理学博士。山口県立大学名誉教授。おもな著作に，宮本常一との共著で『調査されるという迷惑』（みずのわ出版，2008年），『調査という迷惑を越えて』（みずのわ出版，2020年），当山昌直との共編著で『奄美沖縄環境史資料集成』（南方新社，2011年），監修書に『地中海食と和食の出会い——サビエルと大内氏の遺産を生かして』（南方新社，2019年）など。ブログ　http://ankei.jp

原典：
Bulletin de la Société des missions étrangères de Paris
1925: 255-266, 319-329, 381-392, 449-457, 513-520.

原文のイメージとテキスト：
https://gallica.bnf.fr/ark:/12148/bpt6k9737943c

奄美・沖縄 カトリック宣教史
――パリ外国宣教会の足跡
2020年3月31日　第1刷発行

著者　A.ハルブ神父
訳者　岡村和美
監修　安渓遊地
版下　安渓遊地
発行者　向原祥隆
発行所　株式会社 南方新社
〒892-0873
鹿児島市下田町292-1
電話 099-248-5455
振替口座 02070-3-27929
URL　http://www.nanpou.com/
email　info@nanpou.com
印刷・製本　株式会社イースト朝日
定価はカバーに表示しています　落丁・乱丁はお取り替えします
ISBN978-4-86124-421-6 C1016